愛在當下

李柏毅&簡靜惠

LeLand 2011,

每一個你所處的當下，我要牽著你的手一起走過，
每一件能夠讓你快樂的事，我都要陪著你一起經歷。

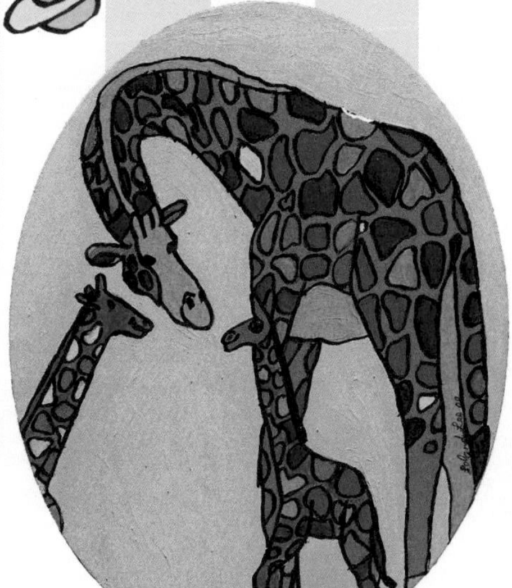

推薦序——

永不停止的愛與奮鬥

立法院長・**王金平**

一九七六年二月一日我宣誓成為增額立法委員，不到幾天就到台北市武昌街十八號，國民黨立法委員黨部開會，隨著去的日子多了，也經常到對面別具風格的「明星咖啡」用餐或參與聚會，誠如簡靜惠女士所言，「明星之所以明星，是因為它承載著時光的故事，以及重量」，而隨著「雨人畫家」李柏毅的回歸「明星」，更見「明星」的傳奇。

做為「明星小公主」，在老天沒有給她最艱難的功課——柏毅之前，可以說是時下新聞廣告所說的「人生是彩色的」，當「自閉症」像竊賊一樣潛入她的人生，也就偷走了簡靜惠女士所汲汲於營造的「完美人生」。

直到現在醫學界都無法知道自閉症真正的成因，當一個母親獲悉自己的兒子是重度自閉症，那麼這個母親，即將面臨不知哪一天再也不能保護那個兒子的恐慌，而在那一天來臨之前，自己每天都要承受山高海深的苦楚，與盼望不到天明的辛酸，就這樣，簡靜惠女士已經過了二十四年半，那可是八千六百多個日子啊！

在簡靜惠女士堅苦卓絕的扶持下，他重度自閉症的兒子李柏毅，在三歲時開始顯露繪畫上的特殊天分，九歲被鑑定為天才畫家，十二歲首次開畫展，直到享譽全球；去年十月十三日更以藝術上的成就，獲選中華民國第五十一屆十大傑出青年，本人在頒授獎座給他的時候，特別感到他的難能可貴，很想知道他之所以有此成就的歷程；日前當我遭遇到從政以來最為困擾的時刻，恰巧皇冠文化集團責任編輯許婷婷小姐，寄給我《愛在當下》的書稿，對我好似當頭棒喝，這一描述柏毅母子奮鬥的過程，正好解答我心中的好奇，這本書出版之後，不但會對台灣社會關心自閉症的人們提供很好的參考價值，同時書中闡述而出的頓悟，更可以予世人體會許多深邃的哲理，對於世道人心的影響，將是難以估計的，至盼譯成多國語文發行，如此，對全世界六千七百多萬自閉症族群必然「簡可以御繁，以靜制動，惠可得人心」，真功德無量矣！

推薦序——

一位偉大的母親

現任美國在台協會處長夫人・宋沛蓮

她，是一位女強人；他，是一位藝術天才。

我們經常形容為事業奮鬥、獲得社會認同的女性為強人，較少用此名詞來稱讚全心投入照顧兒女的母親。然而簡靜惠（Karen）為她兒子柏毅所做的一切，並非每位母親都做得到。如非堅拔的毅力、持之以恆的意志力及實際行動，長期下來對一個人的精神、體力、容忍力及耐心恐是嚴酷考驗。正如她的自述所言，培養一個自閉症孩童，非以日、月或年為單位，而是用五年或十年為一刻度。人畢竟是皮肉之軀，倘無神的力量在背後支持、倘無堅韌的個性，將禁不起長期的憂心與煎熬，並且可能在尚未獲得肯定掌聲前即放棄。世界上不知有多少自閉症孩童，就這樣被關在家內，足不出戶，直到離開世界的那一天。

Karen在柏毅幼時，猶如一位身置隱蔽叢林的母親，為求找到出路，縱使黑暗的前方只有一點薄弱曙光，她仍奮勇抱著孩子四處摸索嘗試，不懼辛勞，不畏荊棘，永不言放棄。她循序善誘將柏毅從自我封閉世界慢慢導入你我習以為常的社會環境，此絕非易事，但是他們成功了。柏毅在公眾場合的禮儀、貼心舉動，讓我留下深刻好印象。

Karen 除了全力照顧柏毅的起居飲食、輔導他的課內外學習、鍛鍊他的體能及開拓他的新視野外，還不斷參與認知自閉症宣導活動，使社會大眾了解自閉症徵狀、學習如何規劃對策，進而以平常心接受自閉症患者，讓自閉症患者享有自己的生存空間。

說到柏毅，他對我總是彬彬有禮。他的畫用色大膽繽紛、洋溢著充沛能量、熱情與真誠，無論是花、心形、腳丫、麋鹿和宇宙等，都活潑生動地詮釋了日常生活中或想像中的事物和景象，帶領看畫者進入一個明亮、歡樂的夢幻境界。

Karen 和柏毅，我很榮幸做為你們的朋友。

她，是一位偉大的母親；他，是一位勤奮貼心的兒子。

在上帝的愛和神恩眷顧下，我相信他們的每個明天將充滿無限歡笑與喜悅！

推薦序——

來時路……

導演・林正盛

記得是二〇〇七年冬天，當時才剛開始籌劃《一閃一閃亮晶晶》星兒的紀錄片，一個亞斯伯格孩子的媽媽，熱心地介紹我認識柏毅，和柏毅媽媽。

約在明星咖啡廳，去了才知原來柏毅是明星創辦人的外孫。出生成長在洛杉磯的柏毅，是因為媽媽回來接下明星經營擔子，而跟著媽媽回來台北居住下來的。

認識當天，被明星三樓滿牆的柏毅畫作吸引住，一幅幅都色彩鮮豔濃烈，豐富飽滿地流露出一種單純，卻是燦爛的感情。柏毅用色大膽，陽光般豔麗的色彩，強烈對比出藏在他那張木訥面容底裡，那份不知如何說出口的濃烈情感泉湧流動，泉湧流動著如陽光燦爛般的感情狀態。

我完全給吸引住了，當下我就決定要拍攝柏毅這個青年畫家了！

二〇〇八年五月，柏毅十九歲生日那天，我們開始了柏毅的紀錄片拍攝。整個拍攝過程中，在我心底留下一幅極為美麗的圖像，就是柏毅媽媽總是牽著柏毅的手，那是一種陪伴與引領。引領著他走在台北街道，巴黎街道，洛杉磯街道……引領陪伴他走進羅浮宮看蒙娜麗沙，看耶穌最後的晚餐……走進奧賽美術館探望他熱愛的梵谷……走進他小時候受洗的教會，接受教友們的祝福，走進他的洛杉磯個人畫展，分享他透過一幅幅多采多姿的畫作，心底泉湧流動著的燦爛美好的愛。

每當想到柏毅，和柏毅媽媽，就會在眼前就會浮現一條漫漫長路，蜿蜒綿長曲曲繞繞，路上柏毅媽媽牽著柏毅的手，相扶相持一路前行，走出一條酸酸楚楚，卻又滿滿幸福的漫長人生道路。

引領陪伴著柏毅成長，一路走來的人生漫漫長途，點點滴滴的努力過程，點點滴滴的心底感受，如今都在柏毅媽媽回首來時路的沉澱爬梳下書寫成書。書裡有著許多引領陪伴自閉兒成長的過程，那份集細心、耐心而成的母愛，一點一滴的學習都是艱難而龐大的工程，都是漫長時間的單調而重複的教導，和練習。

這本書當會撫慰許多自閉兒的父母，也分享了許多自閉兒的教養觀念。同時這本書也能讓更多社會大眾瞭解自閉兒的生命狀態。更多的瞭解，將累積更多的善意包容，而讓這些生命特別的孩子，有更多機會在我們生活周遭發光發熱，帶給我們這個世界不同的生命美麗！

這是柏毅媽媽回望來時路，用生命寫下的書，讀來格外令人心疼不捨，格外地令人感動不已。一本流動美好感情的書，推薦給大家。

推薦序——

畫筆下充滿愛的世界

麗嬰房董事・林柏薇

前陣子很榮幸有機會和李柏毅及他的母親簡靜惠一起在台北的家共進午餐。我搭電梯上樓，當電梯門打開的時候，他們兩人已經等在那兒，伸出手臂歡迎我。

柏毅興奮地帶我參觀他們的家，公寓的每面牆上都用他的作品裝潢，彷彿電梯門一打開，我就被引領進入了一個完全不同的世界：一個滿富活力色彩、相互糾纏的形狀，以及重複描繪著的柏毅的感情世界——

長頸鹿媽媽親密的撫弄著年幼長頸鹿、難以理解的都市景觀、宛如馬諦斯畫筆下的人物，時而跳舞，時而陷入沉思、無所不在的擬人化麋鹿則快樂的觀察著牠周遭的世界，卻也因為懷疑和乏味而困惑著。只要在房內掃視一圈，我就可以看出柏毅強烈的藝術家觀點，以及透過他的眼睛所端詳的世界，根據他自己的說法，這個世界是一個充滿愛、幽默、安全以及驚奇的的地方。

當我在欣賞柏毅的任何一件藝術品的時候——無論是他的繪畫、面具、素描，或是陶藝，讓我印象深刻的，是他在畫這些線條時的踏實。每一筆每一劃似乎都出自於真實的信念，唯有出自於經驗、實作，以及深沉的體會，才能有這樣的意識和自信心。

他的創作中有令人震驚的相互關聯感——麋鹿這樣的角色，怎麼能如此自在的坐在英文字母L上面（來唱歌吧），俄羅斯洋蔥型屋頂，怎麼能神奇地變形進入天空中的星球（聖彼得堡月光），台北一〇一怎麼能頻繁地在所有不同的背景中出現，以及動物和人類，有怎麼能擁有相同的容貌與肢體，而且還能無礙地交相互換。

自閉症的表徵之一，是個人的奇異性，他在一個無法完全融入的世界裡的孤獨感。柏毅作品中的美和驚奇，卻完全和這樣的觀念相反——他已經一再地向我們證明，在這個世界上，我們全部都是相互糾纏在一起的。

推薦序——

畫裡隱現的母愛

台大精神科教授／醫師．高淑芬

我就是柏毅口中所稱的 Dr. Susan。

當柏毅媽媽問我能否為這本書寫序的時候，我毫不猶豫，欣然同意為這本生動感人，令人深思的書寫序。當大眾讚嘆柏毅的鉅作時，常聚焦在他的藝術天分，卻忽略他的特質和背後的故事。這本書描述柏毅的母親靜惠：一個堅強、勇敢、擇善固執、愛心滿滿的媽媽如何創造優質環境協助孩子發揮潛能，如何無條件地愛自己的小孩、並進而愛所有自閉症孩子，我閱讀、我感動，彷彿也跟著經歷了柏毅這二十五年從小到大的成長。

我從柏毅身上學到什麼？我看過他許多的畫，每張都截然不同，每一張都讓人充滿驚喜和創新，每張畫就像這本書說的一樣，都有一個他所想表達的秘密。柏毅媽媽在書中也舉了一些例子，她說從畫中可以看到柏毅透過畫在跟人溝通，只要是了解他的人，就能明白他在告訴你什麼。而我觀察到的不只是他與眾不同的繪畫風格。我曾經親自陪著他畫圖，看見他下筆是這麼堅定，每個顏色都是那麼踏實，讓你感覺他是一個意志堅定、非常清楚自己在做什麼事情的人；他每畫一幅畫，不論畫的大小，一定都是專心一致，把它完成之後才會休息；而且不只在藝術創作，不論是學游泳或彈吉他，他一定今日事今日畢，將事情做到他認為完美為止。從他的執著和他所流露的典型自閉症那種誠實、直接的特質，你不用擔心他會跟你說謊，他會把他的情感和想法直接表達出來，充分展現不同於一般大眾的一個典範。

過去在門診聽過許多不同自閉症孩子成長的故事，拼湊起來可以看到一個共通性：他們都因為先天語言社交溝通能力的障礙和某些固執的行為，造成生活上很多的困難，必須仰賴愛他的父母協助發揮他的長處。這些孩子因為狀況穩定了，往往一個月、三個月或是半年才會回門診看一次，很多都是橫斷面地了解孩子進步的情形；而這本書特別以縱貫面從小到大串連起來，呈現了柏毅成長的過程。相信有很多父母可以從中找到許多陪伴孩子成長的共通軌跡，了解自閉症孩子是如何一步一步地走到今天，是怎麼樣的努力讓他能擁有燦爛的笑容和健康的身體，還有可以盡情揮灑的一片天地。

在七、八年前，柏毅跟著媽媽一起回到台灣的時候，那時相當多人都懷疑，柏毅已經是在美國開過畫展的知名畫家，若回到台灣，是否還能夠保有其國際上的知名度？如今，事實證明他的畫不僅維持了國際級水準，持續到世界各國展覽他的藝術創作，並且隨著年齡的成長，經過特有台灣文化特質的洗禮，他的創作又增添了更豐富的生命力。他不僅將他的畫和熱情帶回台灣，也提升台灣的藝術和自閉症的國際聲譽。我第一次有機會參與他的國際展覽，是二〇一二年於巴黎舉行的國際兒童青少年精神醫學會，當時柏毅媽媽覺得這是一個千載難逢的機會，可以讓國際友人知道台灣對自閉症的重視與努力。所以她自己接洽了外交部，用自己的資源配合國際會議展覽柏毅的畫作。展出當天，他的畫受到數十個國家的兒童精神科醫師的讚許，也讓大家知道台灣是有實力培養出這麼傑出的畫家。我首次見識到柏毅把台灣帶到國際上的貢獻與影響力。柏毅和媽媽一直覺得他們非常幸運，經過這麼多努力和支持讓柏毅可以走到今天，但他們也感受到自閉症在台灣的社會、教育、醫療還沒有得到足夠的支持，整個社會大眾對它的了解還是有限，所以他們想要幫助更多台灣自閉症的孩子。藉由她多年努力維繫的相關資源網絡，以及柏毅在美國的知名度，特別在二〇一四年三月邀請數位在美國治療自閉症相當有經驗的專家到台灣舉辦國際自閉症研討會，希望一方面讓國外的人了解台灣目前的自閉症教育和臨床現況，也希望促進國內對自閉症的了解。親自參與整個籌劃過程，看到柏毅媽媽的盡心盡力，全力以赴，因為她不僅希望自己的孩子好，更希望所有有自閉症的孩子都得到足夠的照顧和發展——她更表示她的目標是亞洲，因為相對於歐美國家來說，亞洲地區在這方面的認知和資助是不足的，希望能進一步讓整個亞洲能夠有所進步與改善。

二〇一三年，柏毅獲得十大傑出青年，記得當我搭飛機出國開會時有個評選委員打電話問我，假如是我，會不會選柏毅當選藝術組十大傑出青年？我只有簡短地回答：柏毅已經是世界級的畫家，單就這點絕對已符合傑出青年的標準，更遑論他必須克服自閉症狀、這些平常人所沒有的困難來達到這世界級的水準，所以毫無疑問他獲頒十大傑出青年絕對是實至名歸。我也非常高興他真的獲得傑出青年獎的肯定，因為他嘗試透過這些畫表達，想要讓世界變得更美好，讓國際人士知道台灣的好。

讀這本書，看到一個母親的堅強。所謂「為母則強」，為了孩子只有努力、善用智慧和長期儲備的資源，讓柏毅不管遇到多大的困難，都能無後顧之憂地發揮他的潛能。我彷彿跟著他走過這個成長過程，並從這裡瞭解到，他們是這麼的努力，包括我的個案、我的病人，和他們的家屬也都這麼努力，做為醫生的我，又怎麼能不努力呢？

推薦序──

調色盤上的母愛

作家．**黃春明**

柏毅是自閉症，他成了畫家，二〇一三年榮獲臺灣十大傑出青年。

表面上看起來就這麼簡單，然而其成長，從出生一直到他的畫作受到國際上的肯定，所經過的過程，他自己，還有家人他們，不知道流了多少的眼淚；尤其是柏毅的媽媽靜惠，在那一段很長的日子，有多少個夜晚，自己一個人一想到兒子白天的種種遭遇，還有些不近情理的人，不但沒能同情她，還怪她怎麼會生出一個自閉症的小孩來。但是在這種環境的壓力，柏毅較為難於教養的壓力之下，靜惠不但沒被壓垮，她耐心的照顧柏毅長大的同時，發現孩子具有美術方面的潛力，接著就往美術創作培養他成為一位畫家。這樣的事說來簡單，有多少人做得到？要不是靜惠有那種為孩子肯犧牲一切的母愛，柏毅有再大的潛力，也是很難造就的。

我八十歲了，是過去武昌街明星咖啡的常客，那時我經常看到靜惠，像芭比娃娃的小女孩，穿得整整齊齊，乾乾淨淨，顯得很文靜。沒想到時間過得這麼快，芭比娃娃已經是兩個小孩的媽媽，老么柏毅雖是自閉症，在靜惠恪盡母愛，使柏毅用美術的創作作品，做我們一般沒有自閉症的人都做不到的，跟世界各種不同語言的人溝通。

在母親節的前夕，靜惠要我為她的書寫幾個字，我更有感覺，從她的形象在在證明母親的偉大。在柏毅的調色板上，除了顏料就是媽媽的眼淚。

推薦序——

令人驚奇的禮物

十大傑出女青／國家文藝獎得主・郭小莊

七、八年前第一次見到靜惠，她從容優雅的氣質留給我深刻的印象，最近再相遇，身邊多了位溫文帥氣的大男孩，這一對母子，吸引人的不僅是出色的神韻舉止，背後的故事更是令人感佩。

兒子柏毅是位年輕的畫家，他患有自閉症。

他的母親靜惠出身知名明星西點咖啡的小女兒。

柏毅的降臨，打亂了靜惠一向認為理所當然的「完美人生」，她辭去了工作，帶著柏毅向自閉症摸索前進，除了求教專家學者外，更引導柏毅走出自我封閉的「殼」，去看世界、觸摸萬物，付出的心力遠遠超過教導照顧正常孩子的千百倍。如今成就柏毅為國際知名的年輕畫家，雖非刻意而為，卻是個令人驚奇的禮物。

的確，在母親眼中，每個子女都是上帝派來的小天使，他們身上都有上帝為他們成長所做的安排。柏毅有不可思議的作畫潛能，隱藏在撲朔迷離的自閉外衣

下，身為母親的靜惠，靠著她所信的上帝，用無比的愛和毅力解開了它，讓柏毅也因著上帝所賜的恩賜，得以盡情揮灑。

藝術家的養成是一趟艱辛的過程，我深有體會，而一個具有藝術天賦的孩子，剛好患有自閉症，如何開啟他心靈的那把鎖，更是一大難題。

靜惠將二十五年來的心路歷程，和對自閉兒的認知，藉由本書分享，讓大家從他們母子的身上，見證了蒙福的人，必獲恩賜。

推薦序——

一位母親的愛與智慧

國際策展人／實踐大學媒體傳達設計學系教授．陸蓉之

認識 Karen 是因為我遇見了一位藝術小天才 Leland，後來才明白小天才是個自閉症的孩子。

Leland 活在他自己的世界裡，他會跟自己說話，不斷畫畫，然後一直唱歌，一首接一首地唱著。

Leland 的每一天，都和昨天一樣，明天也和今天一樣，他對時間的流逝不知不覺，完全沒感覺。

所以，媽媽 Karen 要為他安排所有現實人生的點點滴滴，重複提醒他每一件要做的事。

像小公主一般長大的 Karen，從此不能再計較什麼是快還是慢，什麼是重要還是不重要。

她望著唱歌的兒子說：誰說自閉症的孩子可憐？你看，其實他是快樂的小王

子，完全沒煩惱。
就這樣，公主 Karen，因為忘記時間而永遠美麗，因為對兒子無條件的愛而充滿智慧。
愛在當下，是他們母子倆無間斷的生命約定，不需密碼的互聯網，二十四小時連線。

推薦序——

愛的力量

富邦文教基金會董事・**陳藹玲**

進入聖心女中唸初一的那一年，認識了簡靜惠。「如果世上有白雪公主的話，那就是她了！」第一次看見她時我心裡想。真的，十四歲的她，活脫脫是童話中的公主，唇紅齒白、粉嫩皮膚、高䠷身材、態度大方、總是神清氣爽，當時還不知道「明星咖啡」有多大意義，光是 Karen 本人就夠較人眼睛一亮了！

只可惜年少時沒有深交。再見面時，她已經是兩個大孩子的媽媽了。她和柏毅剛回台灣不久。因緣把我們又牽在一起！為了辦理自閉症國際年會，還有隨後的相關活動，我們展開了年輕時擦身而過的友誼。我看到的 Karen，雖然不再是十四歲的白雪公主，卻蛻變而為擁有圓融的智慧、堅毅的心性，更美麗成熟的女性！

我相信生養柏毅，絕對是讓她轉變的最大力量。

人說：為母則強。道理簡單，但只有經過許多挑戰和「精采」經歷的媽媽們，才能體會這句話真正的力量。在這本書裡，我們見證了 Karen 、柏毅及家人們

重要生命歷程，感受了愛的力量。相信讀者一定可以從中汲取適合個人的啟發。在這樣的亂世中，我們特別需要如此堅強而又溫暖的分享。

推薦序——

人生不完美 Anytime以愛圍繞

蔡依珊

靜惠（Karen）請我為她的著作寫序，我深感榮幸。字裡行間透露出身為一個自閉症患者的母親，多年來內心喜怒哀樂的故事，深深地觸動了我的心，讓我不知如何下筆。認識靜惠多年，我看見她堅強面對外界質疑的眼光，我看見她總是帶著笑容面對柏毅，我看見她努力做一個勇敢的媽媽，想來總會讓我忍不住心中悸動。

人生，永遠不會完美。

自閉症，它並不可怕，卻也不是自己可以決定的人生選項。縱使與眾不同，我仍然相信，患有自閉症的孩子，仍是父母眼中最美麗的瑰寶、最珍貴的禮物。靜惠曾經說過，在這條她跟柏毅共同奮鬥的道路上，她曾經覺得孤獨。我卻認為，其實他們在這個過程中，獲得了比其他父母、子女，更豐富、更滿溢的愛，充實了他們的生命，也為他們的人生，增添更多繽紛的色彩。

正因為如此，自閉症的孩子們，更不能被剝奪應該有的學習權利。我真的非常敬佩靜惠的毅力與決心，不畏艱難地想去發掘柏毅潛在的能力。靜惠的努力，也提醒了我們，不要侷限可能潛藏在孩子身體裡，那些蠢蠢欲動、蓄勢待發的能量。無論是特殊或一般的孩子，他們都需要被激發、被鼓勵，需要來自父母、家人、朋友們滿滿的愛。

因為靜惠，我認識柏毅。因為柏毅，我認識他的畫。

從彩色到黑白，從平面到立體，柏毅的畫時而大膽、時而活潑；時而簡單，時而精采。透過畫作，他的情緒、想法、文字、味道、甚至微笑與淚水，都展露無遺。用畫來記錄自己的人生經驗，這就是柏毅。

單純而美好。

「Anytime」是我認識柏毅以來，他總會掛在嘴邊的一句話，對他來說，應該是認為，每一天都要活在當下，活得精采。一個不簡單的孩子，教會我們最簡單的道理。

感謝靜惠，讓我深刻體會：

無論孩子健康與否，父母對子女的愛，Anytime。

無論孩子健康與否，父母盼子女快樂成長，Anytime。

無論孩子健康與否，父母心存對上天的感謝，Anytime。

人生是一場不斷學習的課程，永遠不會停止，我們都要學習彼此理解、包容，父母跟子女之間，亦復如此。

推薦序——

創作就是生命

高雄市立美術館館長・謝佩霓

一段時間，就會聽到 Leland 母親簡靜惠女士的告知，Leland 又有新作品了。Leland 從七歲開始學畫，開啟了他的創作生涯，他喜歡跟隨母親到全世界各地去旅行，喜歡參觀博物館、美術館，遊歷後的視覺經驗，各地的人文景觀與特色建築，往往快速地轉化為他創作的素材。

如今的 Leland 是明星咖啡館最忠實的員工，一有上工，一個人可以抵上三個，將亮黃色的明星的紙盒從平面展開成立體，每一步驟，一絲不苟，迅速、確實、聚精會神，不一下子，就會成為一個獨特的「景觀」，在簡單的工作展現了藝術家專注的特質，當然也是明星的招牌。明星咖啡是他生活工作的所在。

簡單的生活，單純的心靈，讓他不管在哪一個角色上，永遠都是那樣的心無旁騖、專注而忠實，在創作更是如此，每一件作品彷如早已印於腦中，只是經由手作再現於畫布之中，繁複細膩的線條鋪陳，一層層的空間調度，井然有序的色彩安

排，創作反映了他的生命。

閱讀 Leland 的作品很簡單也很難，簡單的是需要把自己暴露在他的作品之前，專注而單純的回應他的創作狀態；難的是現代人的緊張、繁忙、紛亂與焦躁，在當下要專注，又要單純，談何容易！

高雄市立美術館作為台灣重要的美術館之一，長年關注著這塊土地年輕藝術家的創作與發展，我們很高興看到一位甫獲中華民國十大青年的年輕藝術家，正篤定、專注、單純地往著藝術之路邁進，也正在撰寫一段不一樣的台灣美術史頁。

C O N T E N T S

前言
對我來說，他就是一個畫家。 032

PART 1
我的兒子有自閉症

太陽與向日葵 038
他有自閉症？ 042
無憂無慮的明星之女 046
完美人生的狂風暴雨 052
我所知道的關於自閉症的事 055
但是，爲什麼會這樣？ 059
每一個獨一無二的「雨人」 066

PART 2
不要再畫了好不好?!

用拍立得學「刷牙」 074
和時間賽跑 079
拚命地跑，但還是留在原地 082
親愛的芭芭拉老師 086
土星的插曲 089
在馬背上遨遊，在水中飛翔 091
無比孤獨的努力 098
There is no tomorrow. 100
藝想天開的天才 102
珍寶近在眼前 110
天寶．葛蘭汀告訴我們的事 114

PART 3
畫一幅畫，送給這個世界

畫畫， 與我對話 126
所有的花都微笑了 128
走過漫漫長路的「腳丫」 131
一鳴驚人的〈吶喊〉 134
第一場畫展 138
麋鹿，好久不見！ 140
把他的人生畫進畫裡 146
他的繪畫宇宙 150
你最喜歡誰的畫？ 154
Any time，無時無刻 156
華麗的明星咖啡廳 160
獨一無二的〈海豚與蝶〉 163

PART 4
那些柏毅教我的事

一起成長 170
大家都說我瘋了 173
學習的力量 176
體力好很重要 180
活在當下 184
當他們長大成年 190
永遠的約定 196
每一年的五月二十九日 200

前言——

對我來說，他就是一個畫家。

我的兒子有自閉症，我的兒子當選了二〇一三年台灣十大傑出青年。

此時此刻，千頭萬緒湧上心頭，我想起社會大眾對自閉症孩子的閒言閒語，「啊，他們都是不事生產的『米蟲』啦，消耗這個社會的資源！」

「他是自閉症。」很多人這樣介紹柏毅。

「他是人，他不是自閉症。」然後，柏毅的哥哥柏雄會立刻嚴厲糾正，我可以感覺他變成一頭暴龍，一股怒火即將噴出。

我了解柏雄的憤怒來自何處。

多數人總是輕率的使用語言，不覺察語言是思維的外顯。「他是自閉症。」當人們這樣指說，在意義脈絡裡，就等於「他整個人就是自閉症」，自閉症之外什麼都不是。「他是自閉症」是一種負面的、隱含放棄的表述，反正是自閉症，無藥可醫，努力也沒有用。

「他有自閉症」則不同。「他是一個有自閉症的人」，當人們這樣說，看見

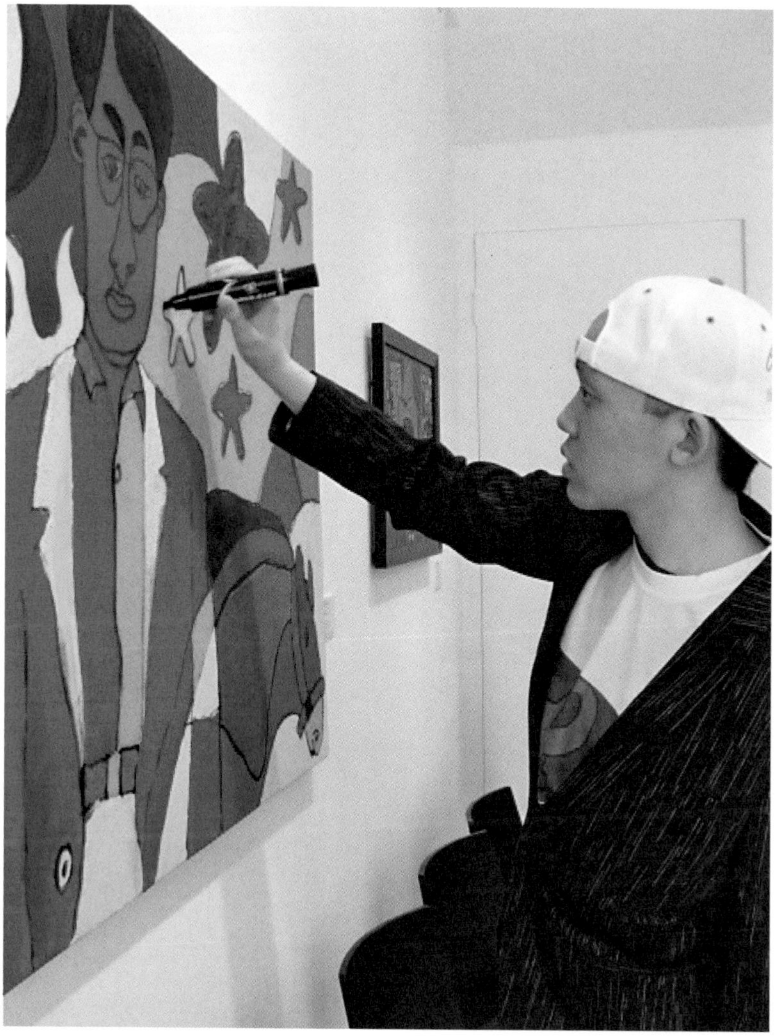

柏毅畫畫時認真的神情。

的不只是自閉症，還包括了他被禁錮的潛力，以及對他的期許。每一個自閉症患者都有不同的潛能，給他們機會學習，從微小的事情做起，從中發掘天賦，他們就會進步，潛能就得以發揮。他們可以成為一流的品管員、麵包師傅、電腦工程師、景觀設計師、鋼琴家、畫家、作家……如果他們有機會學習。

如果我們，自閉症的家人夠堅強。如果社會更了解自閉症，接納自閉症。如果國家和社會能夠做我們的後盾。

在這個分工繁複已經回不去的地球，每一個人都必須靠別人才能活下去，不是只有自閉症患者。

我的兒子有自閉症，還有繪畫和運動的天賦，現在他是一名畫家，展覽的邀請來自世界各國，一年到頭都不間斷；他的作品也被美術館和收藏家陳致遠收藏。他從來不知道自己擁有強大的募款能力。二〇一三年十月他獲選為十大傑出青年，上台領獎的時候，連站在旁邊的人都看不出來他有自閉症。但我實在無法對他解釋這個獎的意義，有多麼不容易，多麼難能可貴。

有人問我：「柏毅得獎後可以為台灣貢獻什麼？」我不知如何回答，因為這是柏毅一直以來在做的事啊，他辦過無數畫展，外國人因而知道這些畫背後的作者是來自台灣的 Leland Lee。除此之外，我們也以自閉症患者和家長的身分，代表台灣參加過無數國際性研討會，就是期盼能讓更多人了解，自閉症並不可怕。

因為不了解自閉症，大多數人覺得這些孩子一無是處。也許「十大傑出青年」這個頭銜真的可以作為證明，他們不是「米蟲」，他們是我們的榮耀。

柏毅從王金平院長手中接獲這個獎，他其實沒什麼概念，不知道這個榮耀的「價值」。王院長說：「李柏毅雖有自閉症，但他的畫呈現對社會的獨到見解，他得這個獎是實至名歸！」

大部分人或許會說柏毅是個「自閉症＋畫家」，但對我來說，他就是一個畫家，一個用全部生命在作畫，純粹的畫家，只是剛好有自閉症。

這是一個漫長的歷程，我們熬過長夜，迎接黎明，但黎明之後，還要對抗隨時可能來襲的風暴，挑戰永遠不會停止，

但就算大雨我們也要走出去，就算大雨也會有天晴的時候。就算大雨，雨後也會出現彩虹。

我們期待雨後的彩虹。

PART 1
我的兒子有自閉症

太陽與向日葵

一開始，我只覺得我生了一個科學家。

這個孩子才一歲多，手指頭就動個不停。每一個孩子都會胡亂塗鴉，一枝筆握在手中，就在任何可以畫的東西上天馬行空的畫線條，畫圓圈，畫房子，畫天空，畫大頭人。不想畫了，把筆一扔跑去玩玩具，不然就衝到屋外找別的孩子打打鬧鬧，我社區裡的孩子每個都這樣。我真愛看孩子們畫畫。

但柏毅不太一樣，忽然之間，好像睡了一覺醒來，他就變成了一個你不按停止鍵就不會停止畫畫的小小孩。

為了按下他的停止鍵，我每天都抱著他，再牽著三歲的哥哥柏雄去參加社區的唱歌或遊戲課程，但不管什麼時候，只要不把他的注意力引開，他的手指頭就不停的動，凌空比畫，像在構圖，在勾勒某種東西的形狀。

這個小孩怎麼回事？媽媽沒有教他嗎？旁人疑問的眼光像針一樣扎在我的身上。總不能這樣比畫下去吧，我想。於是就買了紙筆給他。一拿到工具，才幾秒鐘他就在紙上畫出了太陽和有笑臉的花。後來我才知道，高掛天空的太陽和院子裡的向日葵，對他來說應該就是最強烈的視覺印記吧！

但只給他紙還是不夠，他還要往牆上畫。

他不斷地以鮮麗濃烈的色彩畫太陽和花，用色之大膽純粹，我解釋為那就是屬於孩子的單純和明亮。有些晚上和他同房的哥哥都已經睡著，他還會自己爬起來在牆上畫，安安靜靜的不吵不鬧，就是一直畫，像有天使對著他耳語：畫呀，畫呀，你要一直畫。

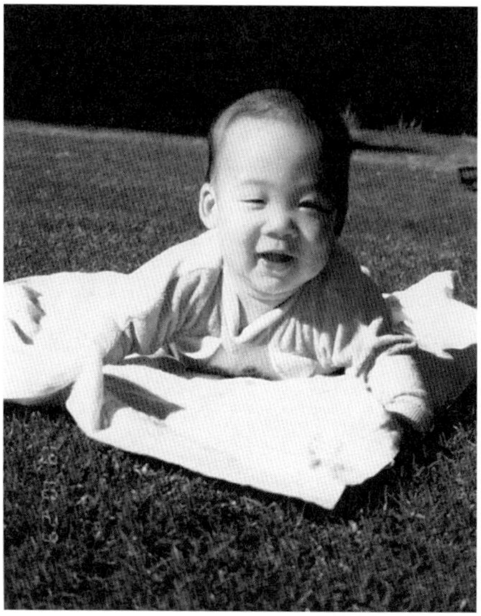

柏毅還是小寶寶，看起來與一般孩子無異。

我想起那個一穿上紅舞鞋就不停跳舞的安徒生童話。天使對女孩說：「妳要跳舞呀，穿著妳的紅舞鞋不停的跳……」紅舞鞋的女孩在雨裡跳，在太陽下跳，在黑夜裡跳。

柏毅，是不是也有一雙紅舞鞋？畫畫就是他的舞蹈？

《紅舞鞋》是悲傷的故事，柏毅的畫卻是明亮如正午的天光。

有樣學樣，哥哥大概覺得這位弟弟太有趣了，也跟著他畫起來，兩人聯手把房間牆壁當作畫布大畫特畫。起先他們一畫完我就擦掉，但今天擦明天又被畫上去，再擦再畫，擦了一段時間，我厭煩了，就告訴自己，「好吧，隨你們畫，看看這面牆壁會怎樣。」這樣累積一段時間沒擦，有一天我仔仔細細看著牆上柏毅的畫，雖然千篇一律的太陽和花朵，但卻看出了細微的變化，像有簡單劇情的動畫片，也就是說，他不是一成不變的畫著，他是有系列的在表達一些事情。

但是除了不停的畫，他不開口說話，眼睛不注視人，不管什麼東西都要拿來聞一聞，每天用蓮蓬頭幫他沖澡時會哭鬧不休。沒問題，我告訴

自己，我會好好教他，矯正他，等他長大一些就全改過來了。

我不知道那些行為表現就等於自閉兒的正字標記。

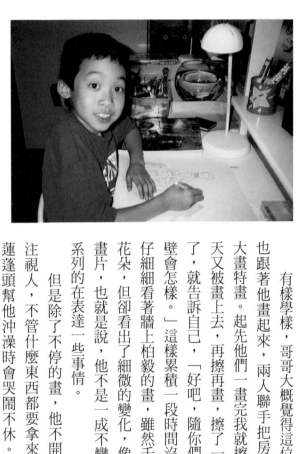

太陽和向日葵，是不是柏毅的第一個朋友？

他有自閉症？

柏毅十八個月時，醫生確診他有自閉症。

一開始是我的嫂嫂春燕提醒我。「柏毅有點奇怪，和別的小孩不一樣。」有一天春燕嫂突然把我拉到一邊說，她有三個小孩，育兒經驗豐富，有足夠的對照，所以一眼就能看出一個孩子是否有異樣。「怎麼會呢？」我馬上否認，不認為柏毅有何奇怪之處。

一歲半之前，我的柏毅真的可愛得像小天使，哪裡奇怪了？比柏毅大近兩歲的柏雄是我的大兒子，他很乖，很好帶，看著他一眠大一寸，那是我生命中最快樂滿足的一段時光，因此很快決定再生一個孩子。

柏毅是個在期待下出生的寶寶。才滿一歲，想喝奶的時候他就會發出「ㄋㄟㄋㄟ」的音，比柏雄還快學會表達，而且有種特別的專注。美國的衣服後面不是常常都有一根棒子嗎？柏毅可以抓著棒子以各種速度和方向反覆把玩好幾個小時，帶著一種像在測試和研究什麼的眼神。哇，將來一定和爸爸一樣，是個科學家，我暗自想著。

沒多久，我們全家族回台灣為公公作壽，春燕嫂又提醒我一次，「妳回美國後一定要帶柏毅去看醫生。」

沒錯，一歲半以後的柏毅好似變了另一個人，原來的那個天使不見了，除了不停的用手指頭比畫，他變得很「灰」，很「番」，極度的黏我，一分鐘看不到我就大哭大鬧。此外，他經常上吐下瀉，我猜想他的哭鬧可能來自身體的不舒服，無法好好睡覺，精神萎頓像個縮成嬰兒的老頭。

他的吐奶情況非常嚴重，每天衣服要換四、五回，有時我來不及躲就被吐在頭髮上。平常時候吐，搭飛機更是鐵定吐，知道他會吐，當然備妥好幾套衣服以便隨時替換，哪知道他會吐到已無乾淨衣服可換的地步，只好忍到下飛機，當我抱他，一對又酸又臭的母子要通過海關時，每回都只見海關人員捏著鼻子用濃濃的鼻音揮著手說：「過、過、過」，連檢查行李都免了。

我才逐漸意識到柏毅某個地方出了問題，他是個和柏雄不一樣的孩子。

回美後我馬上帶柏毅到ＵＣＬＡ醫院的兒童心智科做各種神經檢測，最後醫生判定柏毅有自閉症，好笑的是，我根本不知道何謂自閉症。「那，那他什麼時候會好？要怎麼治療？」我問醫生，沒想到竟然得到一個無法辨認是否聽錯的答案，我聽到醫生告訴我：「Leland他以後恐怕無法說話，無法自理生活。」

上：柏毅與哥哥柏雄留影。 下：在畫畫的世界裡，柏毅比誰都快樂。

有那麼嚴重？這完全超出我所能理解的範圍。

當然醫生用的病名是「autism」，中文把它翻譯成自閉症，在大陸則被稱作孤獨症，按照字面的意思拆解，就是「自己把自己封閉起來的一種病」。

我的兒子為什麼會有自閉症？自己把自己封閉起來是怎麼回事？無法說話也無法自理生活，那他要怎麼活下去，怎麼長大？我的腦袋像被轟了一個洞，心臟痛到如同被扭絞成一團，丟到地上用力踩，虛軟的我抱著柏毅走出醫院，抬頭望天，明明是豔陽高照，我卻感覺到那太陽是冰冷的，恍惚中有雪花飄落下來。

那是一九九一年，對自閉症，我發現我一無所知，我身邊沒有人有自閉症，也沒有一個人跟我談過自閉症，我不知道天寶．葛蘭汀（Temple Grandin），當然更不可能讀過她一九八六年出版的自傳《Emergence:Labeled Autistic》，我那時連《雨人》都沒看過。自閉症像遠方的戰爭，天邊的砲火，而還要等到一九九五年，天寶．葛蘭汀才又寫出《星星的孩子》（Thinking Pictures），清清楚楚告訴我們自閉症者是怎樣思考的。

無憂無慮的明星之女

我曾經是眾人口中的「明星之女」，無憂無慮，備受家人呵護。

「明星」是我父親開的西點咖啡店。一九四九年十月三十日，一個名叫簡錦錐，有情有義也有腦袋的台灣囝仔，他受到大哥點撥而自學英文，因此結識幾個流落台灣的俄羅斯人。其中一位俄羅斯人艾斯尼，他非常思念「家鄉的味道」，思念上海霞飛路上俄國人開的麵包店「ASTORIA」，便鼓動當時正忙於飛虎隊屋舍改建工程的簡錦錐，合夥開麵包店，簡錦錐的人生方向也因此轉了一個大彎，這就是武昌街一段七號的「ASTORIA」的西點咖啡廳，一樓賣麵包，二樓喝咖啡。

新莊人簡錦錐有一種與生俱來的膽氣，八歲，父親過世後不久，他便一個人搭船到上海找三十歲的大哥「見世面」。在上海「遊蕩」了一個多月，電車也坐了，高樓大廈也看得飽飽，腦袋裡裝進一個新的世界後，又一個人搭船回台灣。

一九四七年爆發二二八事件，簡錦錐十五歲，他和當時剛好從上海回台灣的大哥收容了八十多個「外省人」，為了供應他們吃喝，大哥還脫下手上的金鍊子叫簡錦錐拿到延平北路典當換物資，他說：「幫助別人就是幫助自己。」「幫助別人就是幫助自己」，這句話我從小聽到大，它是簡錦錐一生奉守的做人處世原則。

簡錦錐很會唸書，台北一中畢業後，因為不想再伸手向大哥大嫂拿錢，決定放棄讀大學。人生的抉擇很難說對或錯，一旦抉擇了，簡錦錐就不曾後悔。

ASTORIA經過幾番轉折，從合夥到獨資經營，從以英文為店名到中文化——「明星」從此誕生。「明星」做出了台灣第一個巧克力蛋糕，台灣第一個可頌，還有傳說中的鎮店之寶俄羅斯軟糖。每當有人問我如何美容養顏，我都說我是吃這個俄羅斯軟糖和核桃糕在媽媽肚子裡長大的。

精緻的產品加上異國的想像，明星變成了名人必吃的西點蛋糕店。吳火獅的母親過八十大壽，明星為她做出台灣第一個多層蛋糕，年度大戲則是每年為蔣中正製作生日蛋糕。在那個沒有大飯店，麵包店也只有奶油和紅豆兩款口味的年代，明星就等於時尚，明星的糕點是達官貴人必吃的精品。明星的三樓，柏穀PIZZA宴的所在，辦過的舞會難以數算，簡錦錐的女兒，我，一定得穿上絲襪和當時的「名牌」生生皮鞋才能走進去。

明星之所以是明星，是因為它承載著時光的故事，以及重量。

明星的俄羅斯味又讓簡錦錐連結到另一層關係，他因此認識留俄的尼古拉和他的俄羅斯妻子妮娜，他們的中文名字是蔣經國與蔣方良，我也因此和他們的孫女友梅一起唸道明小學，我們幾乎是一起長大的，她會約我到她家留宿，聽慈祥的蔣爺爺唸故事書，教我們寫書法，有時我也邀她到我家住，躲在被子裡講悄悄話，這就是我們之間堅固的姊妹情誼。對我來說，所謂的權貴之家，不過就是生活素樸簡單的普通人家。

我的英文名字 Karen 則是父親喚他 Uncle 的艾斯尼取的。

當時簡錦錐並不知道明星咖啡將會成為作家棲息的窩，一個締造台灣文學傳奇的基地，一開始他只是對一個昏倒的陌生人伸出援手。

詩人周夢蝶在明星騎樓擺書報攤始於一九五九年。簡錦錐不識店門口那位瘦到只剩一身清骨的男人是一位名詩人，有天詩人因為連三天賣不掉一本書而不曾進食，餓到昏厥，這一昏開啟了簡錦錐與「老周」文火慢燉、細水長流的情誼。也因為慕周夢蝶之名，到明星騎樓「追星」的作家、文藝青年一天比一天多，他們逐漸匯集到明星，點一杯六塊錢的咖啡，寫作一整天，這又順勢讓明星演變成《文學季刊》的編輯基地，簡錦錐因此遭警總約談。

柏穀筆下的明星咖啡廳。

除了「幫助別人就是幫助自己」，我還從父親身上學到「誠信」。誠信，就是只要從口中說出，答應了的事，無論有無訂約，白紙黑字，都一定要盡力做到。如果做不到，就不要輕易承諾，父親最痛恨輕諾寡信之人。

我永遠記得一個畫面，小時候我們住七條通，有一個颱風天，中山北路水淹到腳踝，平常人來車往的大街好像被什麼吸光了，空空盪盪，只見我的父親母親披上雨衣走進風中雨中，招不到計程車，兩人只好坐三輪車。我望著他們的身影，氣憤地想你們幹嘛要這麼辛苦？這麼冒險？有什麼天大地大的事非要現在這種時候出去不可嗎？

後來我才知道，那天父親已應允人家要送麵包賑災，「承諾就是承諾，就算颳颱風也不能拿來當藉口。」他摸摸我的頭說。

父親如果生在古代，一定是那個即使水漫淹上來也要抱著橋柱子等朋友來的傻瓜尾生。

父親晚年為嚴重心臟病所苦，幾度進出加護病房，我簽字簽到手都軟了。他的三條動脈，有兩條百分之百鈣化，另外一條，是黃瑞仁醫師藝高人膽大，用鑽子硬鑽出通路。在加護病房的父親只能把自己交給醫護人員，但一轉到普通病房，他無論如何都不肯讓人扶持，自己慢慢從床上爬起來，扶著牆推著點滴慢慢走到浴室梳洗如廁，再慢慢回到床上。

總是這樣在鬼門關轉了一圈又一圈，回到家，就算還在醫生囑附必須安心靜養的「危險期」，父親依然每日七點到「明星」開店，中午回家吃飯、休息，晚上九點又回去關店門，之前應允的演講邀約也不推辭。他不讓自己被病痛綁架，配著哀叫、抱怨吃飯過日子，不用衰敗的身體來換取家人的照顧、關心或慰憐。

就算生病，我也不要躺在床上。就算颳風下雨，我也要出門。風雨陰晴，父親總是掛著發自內心的微笑，保持從容優雅。勸他休息，他說他不想浪費生命，人生在世，總是要盡力把每一天活到最好。

風中的蘆葦，永不折斷。如果不說，沒有人知道他的身體正在土崩瓦解中。外表其實讀不出一個人的內在。披著「明星小公主」的外衣，身體裡不儘確實流著父親的血液，還遺傳了他的堅毅、意志力，他的不抱怨不訴苦，以及路見不平拔刀相助的義氣，而我天生的缺乏耐心和鴨霸，也逐漸被父親以身教軟化了。父親深知我的性情，所以常說「如果靜惠是男孩子就好了」。

雖然我不是男孩子，不過幾年前，很榮幸獲得周夢蝶老師贈予的題字：「簡可以御繁，以靜制動，惠可得人心。」這是他根據我的名子以及對我的了解寫下的短短三句話，我告訴自己，下半輩子都要以此為目標，永不放棄。

也許是老天相信我潛藏的能力，不輕言屈服的頑強內在，所以給了我最艱難的功課——柏毅。

完美人生的狂風暴雨

自閉症把狂風暴雨帶進我的人生。

一方面是天性，一方面是我所受的教養，我從來都是個順服的好女兒、好學生，成為好妻子、好媳婦也是順理成章的事。我謹守本分，以為這一生都不會叛逆，一直到在大家反對之下帶著柏毅回到台灣，那是我人生的第一次叛逆，我想做我自己，但有一大部分的我自己，已經獻給了柏毅。

從道明學校、復興小學及聖心女中畢業後，十八歲那一年，我遠赴美國柏克萊大學攻讀英美文學，再到ＵＣＬＡ讀電腦與藝術，取得ＭＢＡ學位，也拿到房地產證照。讀書，工作，結婚，我依隨著人生的理想順序前進，大學畢業兩年後，我在二十四歲這一年走進禮堂，新郎李永碩，他是史丹佛的碩士，在美國Rockwell公司火箭中心擔任工程師。婚後我們有了兩個兒子——柏雄和柏毅。

我的人生就這樣一直走在平順的路上，像寫好的劇本，有紀律地照著劇情演出，也和每一個傳統版本的女人一樣，我努力扮演好我的角色，希望面面俱到，只為了讓每一個人都滿意。

只不過，那也只是外人眼中的我。

「自閉症」卻像竊賊一樣潛入我的人生，偷走了我汲汲營造的「完美人生」大夢，它讓我看見命運的翻雲覆雨，生命的缺陷，我被迫走進一座找不到出路的迷宮。

到現在醫學界都無法知道自閉症真正的成因。

因為原因不明，宛如迷宮，醫學界便以外部的行為特徵來定義自閉症，教科書上歸納出的自閉症三大行為特徵便是：與人溝通困難、重複性的動作、有社交障礙。嚴格的說，每一個人多多少少都會和這三大特徵沾上一點邊。

所以泛自閉症、自閉症族群是一個很大的光譜。美國的估算，自閉症盛行率有百分之〇點二，大約每一萬名兒童中有四至五位為自閉兒，也有一說是平均每五十名兒童中就有一人，典型的自閉症，男女比率為四比一或五比一，亞斯伯格症候群的男女比例是九比一。全世界有六千七百萬人屬於自閉症族群。台灣則以每一百人有一位自閉症來推估，大約有二十三萬名，但這只是一個參考數字，疾病局始終沒有一個精確的統計。

而十分詭異的是，自閉症人口還在不斷向上攀升中。

我所知道的關於自閉症的事

人類確認自閉症的時間並不長，一九四三年美國的肯納醫生（Leo Kanner）發表文章，同一年維也納的亞斯柏格醫生也公佈他的研究報告，兩人研究對象雖然不同，肯納針對重度自閉症兒童，亞斯柏格則以有語言能力的自閉症者為主，但兩組人最主要的特徵其實差不多，於是這種病症被命名為Autism，意指一種「孤獨」的病，一種心靈被囚禁的孤獨，一種自我封閉的感情交流障礙。

Autism這個詞則來自於新拉丁文autismos，是瑞士精神科醫生Eugen Bleule在定義精神分裂症時所創造出來的字。

肯納如此描述自閉症兒童：「在生命的初始階段無法以平常的方式和其他的人或情境彼此連結……隨時可能忽視或不顧來自外界的一切，禁閉於屬於自己的世界。」病人的另一個特點，就是「執意要一切保持相同，動作與聲音必須一再重複固定的模式，或者發展出繁複的儀式」，最後則是「奇特、編狹的專注、沉迷，固定於某些事物，完全沉醉其中。」

亞斯柏格這樣描述他觀察到的患者：「他們的目光不會與人接觸，他們看東西的方式，似乎只是用眼角餘光匆匆瞥一下，臉上少有表情，也沒有什麼身體動作，用的語言似乎也不太正常，不很自然，這些孩子遵循自己的衝動行事，全然不理會環境的要求。」

研究自閉症兒童三十多年的ＵＣＬＡ心理學教授羅瓦士（Ivar lovaas）則把自閉症定義為「社交笨拙」：「社交笨拙是自閉症的定義，所有自閉症的兒童都有這通病，雖然他們的智商不同，情緒的依附問題也不同，但他們同樣都有社交發育遲緩的症狀。」

總歸來說，從智能障礙到ＩＱ一六〇以上的天才，從無法言語、無法自理生活到外人難以察覺的輕度亞斯伯格，自閉症族群包括了光譜兩端的人，他們的發展軌跡當然很不一樣，所以一樣都是自閉症，我說的自閉症，你說的自閉症和他說的自閉症，可能完全不同款。

從嬰幼兒期就被診斷為自閉症的孩子，若早期介入治療，有一些人的語言能力會有顯著進步，甚至一百八十度的轉變為滔滔不絕，也會和同儕一起玩，產生互動，但即使如此，本質上還是缺乏社會理解力，與他人對話的能力「卡卡」，缺乏主客體觀念。他們對於某些特殊事物有特殊興趣，表現在學習上的風格，便是在有興趣的領域專注而深入，絕對是領先群倫，反之則呈現嚴重的學習困難或者分心渙

散，這樣的孩子就被歸類為「高功能自閉症」或「亞斯伯格症」，和自閉症同屬一個光譜，醫學上稱為自閉症類群。（《亞斯伯格症進階完整版》）

當社會討論自閉症，關心自閉症，焦點多半放在「高功能自閉症」。

「高功能自閉症」有太多「正常人」匪夷所思的故事了。

《人人有怪癖》（Shadow Syndromes）一書中講了一個關於高功能自閉小女孩的故事，這個小女孩智商高，語言流利，已經可以閱讀超過年齡程度的長篇小說，因此到八歲還未被診斷出來有自閉症。後來小女孩加入足球隊，小女孩和隊友一起走進球場後，文風不動，不去追球，也不跟著別人跑，媽媽問她為什麼不動，她回答說她以為應該等到球跑到腳下才踢它。

自閉症的人不理解別人為什麼要這樣那樣玩，而且玩得如此 high，一群人還可以聚在一起亂七八糟、天馬行空的聊天。他們也沒有「共享」概念，研究人員發現，從一個自閉症孩子手中拿走玩具，他不會有反應，相對的他也不懂為什麼要把玩具分給另一個孩子玩，或者一起玩。若有別的孩子拉他的頭髮，擰他的手臂，如果不特別的、反覆的教導，他們不會反擊。

不過這不是全部，天寶．葛蘭汀從小就會打架，她是動物科學家，患有自閉症，更是我生命中的貴人。

還有一種隱藏型的自閉症，我想我們周邊一定有這樣的人，他們通常被取了「書呆子」、「外星人」、「怪咖」、「阿宅」之類的綽號，其中有很多從事高科技工作，麻省理工學院真的就為一群數理資優卻在社交場合手足無措的學生開了一門課專門教授「社交技巧」。

有一些輕度自閉症者也能有正常的兩性關係，結婚、生子，工作賺錢；更有一些妻子在結婚很久以後，才發現丈夫有自閉症。

但柏毅沒有那麼幸運，一直到現在，他還是只能與人進行簡單的對話，隔離在複雜的人際和變化莫測的世界之外。

但是，爲什麼會這樣？

人腦中上千億個神經元如何讓我們記得自己是誰？如何讓我們學習、思考，以及作夢？如何讓我們充滿熱情或憤怒？如何讓我們騎腳踏車或瞭解紙上墨跡代表的意義？如何讓我們從一群吵雜的人聲中馬上就聽出母親的聲音？精神分裂症、抑鬱症，或諸如阿茲海默症、多發性硬化症、慢性疼痛症與癱瘓等可怕疾病患者的神經線路到底出了什麼問題？——《另一個腦》道格拉斯．費爾茲

費爾茲是美國國家兒童健康與人類發展研究院神經系統發展與可塑性部門主任，學界公認的有關神經元與膠細胞交互作用、大腦發展以及細胞記憶機制的國際權威。

但他忘了列入自閉症。

如果妳有一個自閉症的孩子，在一九八〇年代之前，妳就必須獨自承擔所有的錯。醫學界認為，就因為妳的冷漠性格，妳的教養方式，還有妳可能虐待過孩子，以致造成孩子的學習與溝通障礙，有的孩子甚至出現自殘行為，對穢物無感，

自閉症又被稱作孤獨症，每一個自閉症孩子的心裡是不是都有一個孤獨的宇宙？

會把排泄物到處塗抹，這樣的母親被稱為「冰箱母親」。

漫長的一段時間，自閉症被認為是心因性的，兇手就是母親，是「被不愛他們的母親推進一種悲慘的退縮狀態」。

也是一段漫長時間，自閉症被當作是精神分裂症。

至於治療方法則稀奇古怪，有一種是把孩子包裹在棉被中擠壓，讓他重新經驗從產道出生的過程，還因此導致孩子窒息而死。

醫學界迄今仍未找到造成自閉症的最終答案，雖然有一派的假設是與施打疫苗有關，以此解釋出生時正常，一歲半以後才出現症狀。儘管如此還是取得了最大公約數：自閉症是原發的，隨機的，是腦部的先天異常，與特定基因有關，無關後天教養。

目前公認最接近真相的研究，出自美國北卡羅納大學教堂山分校研究團隊，二〇一三年發表於國際學術週刊《Nature》的研究報告。報告指出，每個人身上都有一種名為「拓樸異構酶」的蛋白質，腦拓樸異構酶的結構如遭破壞，就可能導致某些與自閉症有關的長段基因連帶缺損，產生自閉症及其他神經發育相關的疾病，台大腦與心智科學研究所助理教授黃獻松也參與了這項研究。

人體有六十兆個細胞，細胞核裡有染色體，染色體上有基因，基因就是一段或長或短的ＤＮＡ。

簡單的說，自閉症就是一種因為神經細胞的一段基因受損，導致腦部異常而打亂正常發展的神經性疾病。神經細胞亂了套，沒有連接好，接受到的訊息便和一般人大大的不同，像一顆飛出界外的球，於是知覺雜亂失調，反應過度，心智以不明模式運作，有的人無法被碰觸，有的人聽覺過度敏感，有的人沉迷於線條、光影，有的人不停搖晃，有的人擁有照相機一般的記憶，有人伴隨過動、注意力缺乏，最極端的是有自殘行為卻不覺疼痛，對糞便等穢物沒有不潔感。每一個人的症狀都不一樣，但幾乎所有人都有溝通困難、重複性的動作、社交障礙三大外顯症狀。

而自閉症所有的症狀都是發展性的，狀況因人而異，個別差異極大，不會隨著長大成年自然消失，一覺醒來就口若懸河，善解人意，認知正常，告訴你他的內在世界。扭轉的關鍵在於教育和生活／社交技能訓練，一步一步解除他們因為知覺失調而對氣味、聲音等等產生的恐懼，才能進一步學習，只是嚴重者需要終身的特殊照顧。

台大醫院兒童心理衛生中心蔡文哲醫生也曾指出，義大利動物實驗曾發現，靈長類猴子的大腦中有一種「鏡像神經元」細胞，它可讓猴子出現模仿行為；人類大腦也有同樣細胞，嬰兒因此會模仿，學習父母的動作。自閉症孩子欠缺了解他人心意的能力，不會解讀他人臉部表情，可能因為鏡像神經元細胞皮質厚度較薄，影響訊息傳達，以致造成感受力較差。觸覺、聽覺、知覺卻過度敏銳。

很多人共同的疑問：自閉症來自遺傳嗎？

這也沒有答案。一種說法是只有百分之三的自閉症和遺傳有關，其餘原因不明。但英國劍橋大學發育精神病理學教授，也是該校自閉症研究中心主任巴龍科恩（Simon Baron-Cohen）發表過一篇〈自閉症與科技血統〉，結論是「科學家和工程師的小孩可能不只遺傳到聰明才智的基因，也可能先天容易罹患自閉症」。

巴龍科恩研究對象為近兩千個英國家庭，其中一半的家庭至少有一名自閉症小孩，其餘家庭小孩沒有自閉症，但診斷出有妥瑞氏症、唐氏症或語言發展遲緩，研究小組問了一個問題：「父母的職業」。很多母親是家庭主婦，所以無法取得有效資料，至於父親，有一項頗為驚人的發現，自閉症小孩的父親職業12.5％為工程師，非自閉症小孩的父親只有5％。祖父方面也一樣，自閉症小孩的祖父有21.2％為工程師，非自閉症是2.5％。

這算巧合嗎？有意義嗎？巴龍科恩不認為只是巧合。自閉症的基因之所以會世代流傳，有一種可能性是它們和特定認知天賦有關的基因共同遺傳，而這種認知天賦普遍存在於自閉症者或具有科技頭腦的人身上，更精確的說就是「自閉症和科技腦型人共有的認知天賦」，這種天賦表現在「分析或建構一個系統的能力」，系統的背後必有一套規則，這解釋了自閉症者為何喜歡重複行為，同時抗拒預期之外的改變。

陪著柏毅久一點，是我永遠的願望。

科技腦型人可能和他一樣擁有科技腦型的人結婚，這叫「同型交配」，意思就是「物以類聚」、「喜歡和類似的人在一起」，他們的後代就有更高的機率罹患自閉症。換句話說，科技天賦和自閉症基因有關。據說美國加州矽谷的自閉症患者是其他地方的十倍。

柏毅的父親恰好也是工程師。

但台大高淑芬醫生不認為如此，她手上的七百多個台灣自閉症家庭資料，父母職業分布並沒有向科技頭腦型的那一方傾斜，而是士農工商平均分布，父母親學歷背景不一，社經地位高低皆有。

另一個問題是，自閉症有藥物可以醫治嗎？

自閉症者的生化機轉遠比想像複雜，各有各的異常，一半以上高功能的自閉成人都有焦慮和恐慌症，過敏問題很普遍，腸胃蠕動異常時有所聞，到目前為止，臨床醫師只能用藥物控制個別症狀如過動、憂鬱、恐慌、焦慮、強迫症……等問題，有些藥物確實可以減輕敏感程度，中止紛亂雜念，改善行為和人際互動，但生化藥物一般都有嚴重的副作用如失眠、過度興奮或攻擊行為。

而我傾向依賴信仰和大自然的療癒力量。

二〇一三年初，諾羅病毒大流行的時候，我和柏毅都感染了，發高燒，上吐下瀉，兩人一起到醫院打點滴，點滴到一半，柏毅忽然問我：「媽咪，今天會上天堂嗎？」我盡量笑著回他說：「將有一天，但不是今天。」然後趕快把頭側向另一邊，不想讓他看見我的眼淚掉下來。

為什麼是我？為什麼會這樣？也許我們都無法得知確切的答案。將有一天我們會上天堂，但不是今天，我知道，我要以我的力量和信念，帶著柏毅走久一點，走遠一點。

每一個獨一無二的「雨人」

在我的眼裡，他們是我們當中的特別品種，奇異、原創、全然直接發自內在，跟別人不一樣，我愈看他們，愈有這種感覺。——奧立佛・薩克斯

「喂，你搞什麼自閉？」

「我每天都不想出門，會不會得了自閉症？」

「我家貓咪一定有自閉症，每次有客人來都跑去躲起來。」

「我被傳染自閉症了！」

每一次聽到有人輕易地，甚至半開玩笑地使用「自閉」兩個字的時候，我的心就被踐踏一次，受一次傷，彷彿自閉症是可以自己決定要或不要的，又好像自閉症是會人傳人，但是「故意的」、「自找的」、「後天的」自閉症，根本不是醫學上所定義的自閉症，也由於「自閉」語境的歧異性，台灣自閉兒家長才因此長期推動以「肯納」取代「自閉」。

我發現大多數人對自閉症的認識來自於巴里・萊文森導演，達斯汀・霍夫曼、湯

姆・克魯斯主演的《雨人》這部電影。一九八八年上映，達斯汀・霍夫曼以「雨人」一角抱回奧斯卡最佳男主角獎，直到今天，「雨人」也成為自閉症的代名詞。

達斯汀・霍夫曼所飾演的雨人 Rain man（他把自己的名字雷蒙 Raymon 唸成 Rain man），過目不忘，能把電話號碼簿、電視節目表，及各種資料一字不漏的背起來，但不解其意，不知道這些資料代表的是什麼，也不知道自己在幹什麼。他的肢體僵硬，行為笨拙，時間規律，星期幾要吃什麼都是固定的，內褲也一定買同一款，如果不按照規律行事，有可能情緒失控、尖叫、撞牆或自己打自己的頭。警鈴的鳴響之於他則是不可忍受的噪音。

「雨人」是以一位名為金・匹克（Kim Peek）的自閉症者為本，真有其人，但電影呈現的不是他的生命故事。金・匹克生於美國猶他州鹽湖城附近，出生時小腦受損，缺少連接左右腦的胼胝體，醫生判斷他有重度智障，永遠學不會走路和說話，無法自理生活，建議送到療養機構安置。

匹克父母並沒有依照醫生建議把他送到療養院。結果匹克在十六個月大時就學會閱讀，每讀完一本大約可以記住98％，更不可思議的是，他看書時可以左眼看左頁，右眼看右頁，平均每八到十秒讀完兩頁左右，像一台不會當機的掃描機器，記憶庫裡裝了一萬兩千本書。他還具有一種計算能力，只要說出某一個日子，他就可以馬上說出那天是星期幾。

每一個你，都是獨一無二、無可取代的你。

但其他一如醫生所預測，金．匹克學不會扣鈕釦，走路顫顫巍巍，智力測驗只得八十七分，普通人是一百分，一三〇以上就算天才了。

但他的記憶智商是二二〇分。

因為「雨人」，金．匹克成為公眾人物，受邀在國內國外四處演講參訪，曝光度高，社交能力因此長進不少，證明自閉症者可以靠後天的練習填補先天的缺陷。

二〇〇九年匹克因心臟病逝世，在這世間活了五十八年。

二〇〇六年一位自閉症學者丹尼爾．譚米特寫了一本轟動全美的書《星期三是藍色的》，書一開頭他就提到「雨人」。「我就像達斯汀．霍夫曼飾演的那個雷蒙，在秩序和規律上有強迫性行為，而這幾乎影響到我生活的每一面。例如，我每天早上要吃四十五克燕麥粥，我會用電子秤來秤，確定一克都不差。接著，我必須數身上穿了幾件衣服，數好之後才能出門。我每天必須在同一時間喝茶，不然就會很焦慮。我只要感覺壓力大，就會喘不過氣，而這時，我就讓自己閉著眼睛數數字，想數字能讓我恢復平靜」。

譚米特可以背出派值小數點後的第二二五一四字，還是語言奇才，七天內學會冰島語。

「雨人」覆蓋率太高的結果，使得雷蒙（或說達斯汀．霍夫曼）成為社會大眾認知的自閉症，怪異、笨拙、狀況之外，最簡單、基本的，一般人不學而能的事，對他來說卻是萬般困難，但他又同時擁有某種特殊的能力。問題在於，「雨人」有自閉症，卻不代表自閉症，每一個自閉症者都是獨一無二的，輕重程度不同，思考的方式和處理訊息的方式都不一樣。醫學上把「雨人」歸類為「自閉天才」或「白癡天才」，在所有的自閉症者中，「雨人」只占百分之一，百分之七十的自閉症者伴隨智能障礙，也沒有某種令社會大眾目瞪口呆，嘖嘖稱奇的特殊能力可以拍成電影或寫書。這才是真正的自閉症。「自閉奇才」的存在使得自閉症受到誤導，也掩蓋了絕大多數，百分之九十以上的自閉症者的需求。

相對於「自閉人一定擁有特殊能力」，輕微自閉症則是很難辨認出來的，但他們在團體中通常被貼上「歹鬥陣」、「狀況外」、「ＥＱ零蛋」的標籤。我在報上讀到一則新聞，一名二十二歲學生因為不滿成績單上老師的評語：「固執褊狹，不善合群，人緣欠佳」，對老師提告。是否有人想過，隱藏在這十二個字背後的，也許是腦神經連結的問題？換句話說，「ＥＱ」是天賦，感受自己的能力，感受他人感受的能力，適切表達自己的能力，和運動神經發不發達一樣，與生俱來，後天的訓練可以加分，但是你不可能把一個毫無運動天賦的人訓練成奧運選手。

有時候自閉症與讀書像條平行線，如天寶葛蘭汀。

我認識的一位國外自閉症學者，他在報社擔任政治記者，但他也只能談論歷史和政治，日常生活種種需要有人幫他管理，否則一塌糊塗。任何時候，不管你有沒有興趣，也不管你問他甚麼，他就是繼續談論歷史和政治，我們的「聊天」就像兩個人同時對著一面牆壁打球，打完後各自離去。

他唯一的心思就是歷史與政治，如果不明原委，會被他的無禮氣到想把他抓起來，抖一抖再甩出去。

某種程度來說，人是不自由的，我們只能隨著體內複雜的化學分子起舞，但人之所以為人，也就在於我們能夠修補、練習、突破，不被「杏仁核」挾持。

不過柏毅沒有那麼幸運，他是重度自閉症。

一開始柏毅就被宣判是一個重度自閉的孩子，我也不以為他具有繪畫的特殊天分，但命運的暴力，基因的破口，卻點燃了我，一個母親的熊熊鬥志，我一心一意，用百分之一千的努力，只想捍衛他，幫助他，讓他甩脫「重度」這兩個字，一小寸一小點的，向「正常」的終點移動。

我沒有想到他竟然會是那百分之一的「自閉天才」。

時間來到二〇一一年，我和柏毅爸爸接受Good TV好消息頻道的專訪，電視台給柏毅的封號正是「天才雨人」。

PART 2
不要再畫了好不好？！

用拍立得學「刷牙」

現在我要開始說柏毅的故事了，未來不可知，但回頭看，一路的摸索與跌撞，多少暗夜裡無聲的淚水，莫名的恐懼，還有柏毅成名之後的屢遭中傷，以及「你們有錢人才做得到」的惡意評論，我害怕我一開口就疼痛。

確認柏毅有自閉症，而且被判定為重度自閉以後，我的狀態，只能用「瘋狂」兩個字來形容。那時的我既無知又自負，我告訴自己，自閉症嘛，它就像感冒，也許是嚴重一點的感冒，只要我找到最好的醫生，用最好的方法，少則幾個月，多則幾年，一定可以治好我的孩子。愛的力量無堅不摧，感天動地，這世界上沒有什麼可以難得倒我，一個為了孩子無所畏懼的母親。

我踏出的第一步，就是抱著柏毅，從衛生局、醫院到學校，瘋狂地蒐集所有有關自閉症的資料。我必須先了解什麼是自閉症，以及治療的方法，當時寫給自閉兒家長閱讀的相關書籍少之又少，就算再努力，我的收穫還是有限，於是只好轉而向醫生群求助。醫師又教我到圖書館找資料，我在圖書館找到一片片的微縮影片，我必須把它放大，再列印出來，懷著如獲至寶的心情一字一句地閱讀。在二、三十年前，根本沒有網路的時代，我必須要像用功的學生，艱辛地閱讀一篇又一篇針對自閉症個案的研究論文。

我的耳畔不時傳來這樣的雜音，「妳應該專心去上班，反正自閉症無藥可醫，就不要浪費心思了。」但我依舊沒有動搖。

美國貴為醫學大國，還是流傳著不少關於治療自閉症的偏方或另類療法，我照單全收，中西合併，主流與另類雙管齊下。有人說針灸有用，我就帶柏毅去針灸；有人說可以吃中藥，我就煎中藥給他喝；甚至還聽說瑜伽和體操很有幫助……總而言之，從美國到歐洲，我耳聽八方，馬力全開，只要能力所及，哪怕用盡力氣，我也要去做。

教導自閉症孩子的方式，專業用語稱為「分解式操作訓練」，譬如要教他說「門」，就必須牽著他的手，走到真正的「門」的前面，指著「門」說：「門」。這樣的動作也不是一兩次就能搞定，需要反覆地教，但即使如此，他也無法以此類推，當遇到不同形式的「門」，相同的程序就要再重複。

有個例子是我從書上看到的，一個自閉症孩子已經學會要等綠燈才能過馬路，但僅限於家門口那條馬路，帶他到阿公阿嬤家門前那條馬路，他又回復原形，看都不看就往前衝，必須重新一步一步教。

我驚訝地察覺，這個世界對自閉症孩子來說是多麼危機四伏，他們就像活在隨時會被野獸吞噬的蠻荒。在柏毅的求學過程中，就參加過五個同學的告別式，他們有的因為交通意外，有的因為用藥，甚至是人為疏失，還沒來得及長大，就離開人世。

美國統計很多自閉症孩子都死於十五至十七歲，這段時間正值青春期，荷爾蒙分泌旺盛的結果常導致難以克制情緒，很有可能觸發致命的危機。

車水馬龍與熙來攘往，在我們看來是正常，但對他們來說，卻是無法認知的危險。一小步一小步，重複重複再重複，教導自閉症孩子從來都是如此。「門」、「水」、「狗」、「學校」……每一個單字我都必須煞費苦心地教，這樣一直到三歲多，柏毅仍舊只能發出聲音，冒出幾個單字，沒有辦法說出一個完整的句子。每當他想要什麼東西，就抓著我的手去指一指，譬如說「糖」，我必須狠下心，不能直接拿糖給他，要先半逼半哄他發出「糖」的音。「湯」、「忙」、「打」……一開始他會發出一個個接近「糖」卻不是「糖」的音，「糖」、「糖」、「糖」，我就一遍兩遍三四五遍的重複，一直到他發出正確的「糖」為止。

從詞彙到完整的句子則更加困難，譬如從「杯子」和「水」，進化到「用杯子喝水」。二十年前沒有智慧型手機，我便買了一台拍立得，拍下各式各樣的杯子，告訴他這些統統都是「杯子」，然後再抓著他的手去拍拍水，把「杯子」和

San Diego Zoo

TIFFANY
SARAH
DYLAN

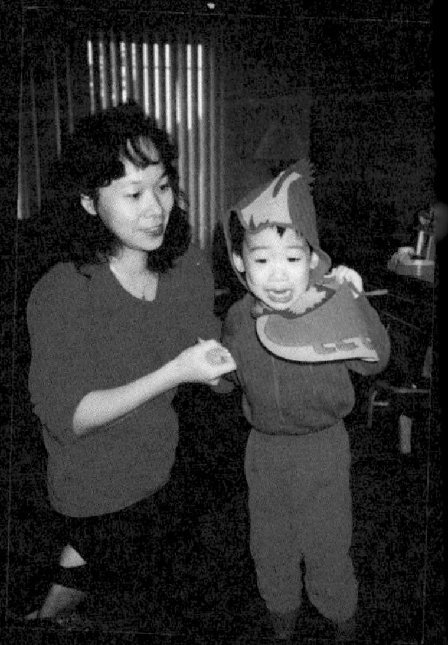

「水」連結起來，讓他知道「杯子是用來喝水的」。

接下來我開始教他早上起床後固定要做的事，上廁所、刷牙、洗臉、換衣服，把每個步驟一一用拍立得拍下來，將照片一張一張按照順序貼在板子上。先下床，再走到洗手間，然後是到馬桶小便，接下來再到鏡子前，拿起牙刷和牙膏刷牙，最後是漱口。

我依然記得，這一個刷牙的動作，我用了七張拍立得，而柏毅花了八個月的時間，總算才學會。

出門則有另一套，先穿鞋，所以要拍鞋子，再坐車，我的車子也要拍一張。如此當我跟柏毅說：「要出門囉」，他就知道要去穿鞋子，準備搭我的車。

是的，日常生活中的每一件事都要教。每一件小事，對一般孩子來說，不學而能，或者兩三下就會的事；對柏毅來說，都是無比困難的大事。也許可以這樣類比，別人的一百公尺，到了柏毅那會延伸成一千公尺、一萬公尺，我必須陪著他努力地跑，用力地跑，如果不在腦神經正在快速發展連結的五歲以前拚命地教，盡可能地訓練，那一千公尺、一萬公尺，恐怕就要發展到十萬公尺的高空去了。

和時間賽跑

我必須和時間賽跑。他無法學習是有原因的。有時候是因為懼怕，柏毅懼怕小嬰兒，也許是嬰兒的哭聲，也許是嬰兒在他眼裡看來像「怪物」。我發現他害怕嬰兒後，便用拍立得拍下許多的嬰兒照片讓他看，看到「習慣」後，一遇到「真正」的嬰兒，我就拉著他手去撫摸，一邊撫摸，一邊說「好香」、「好軟」。嬰兒哭了，他的手馬上縮回去，後退兩步，我必須立刻告訴他，寶寶是因為肚子餓了啊，是因為尿布濕了，這樣一點一滴，反反覆覆地教，直到他確認，或者說是相信，嬰兒香香的，軟軟的，他們並不可怕。二十年過去，他還是害怕小孩的哭聲。

把握黃金時間，把握黃金時間，這幾個字無時無刻纏繞著我，在我腦中不停地放送，我多麼害怕，只要一個鬆懈，柏毅就退步了。

但即使這麼努力了，柏毅還是不開口說話。他不說，那就由我來說。每天睡前，無論他聽得懂或聽不懂，想聽或不想聽，我一定要講故事給他聽。我們的書及錄音帶都是從圖書館借來的，一個故事我總要重複地講十遍一百遍，我告訴他房子蓋在沙地上會被風吹倒，告訴他白雪公主吃了毒蘋果。他總是安靜地聽，沒有反應，不像別的孩子會搶著和媽咪講話，「接下來呢？」、「然後呢？」、「為什麼？」的問個不停，我從來都不知道，他喜歡三隻小豬還是白雪公主。

一直到很久很久以後的某一天，當柏毅一字不漏的把我說過的故事背出來，我才知道，他其實都聽進去了，一刀未剪的照單全收。

柏毅三歲半，按照法律規定可以上幼稚園了。我更加瘋狂，帶著他一天趕三個學校，一是政府補助的特殊學校，一是一般的學校，除此之外，再另請一位家教到家裡教他說話。我聽從醫生的建議，為了不讓柏毅混淆，只用一種語言、也就是「純美語」溝通。這樣的結果卻斷送了哥哥柏雄學習中文的機會，有一度他甚至產生認同錯亂，誤以為自己是猶太人，這件事讓我後悔了一輩子。只是八年前回台灣後，柏毅學了中文和台語，證明了他並非只能學習單一語言。

如今回想起來，還有一件事我恐怕也錯了，我太驕傲、太好強，我總以為自己很堅強，足以承擔一切，可是每當力氣用盡，看見柏毅還是在原地踏步的那一刻，氣餒、軟弱、孤單、茫然，這些情緒一層又一層，像不散的濃霧一樣包覆了我。

當我想著，明天醒來，我能否背負著柏毅繼續走下去的時候——上帝找到了我。祂將我和柏毅放在祂的手掌心。祂好像在對我說，沒關係，柏毅也是我的寶貝，我們一起愛他。

如同柏毅筆下的「阿姆斯壯」，不停奔跑。

拚命地跑，但還是留在原地

有人說做母親的最大成就，就是看到孩子離手離腳，自己飛出去了。

柏雄是如此，柏毅卻是飛不出去的鳥。他上學，我也跟著上學，他的第一個學校就是和哥哥一起上的UCLA附設幼稚園，同學有芭芭拉．史翠珊的乾女兒、阿諾．史瓦辛格的女兒和史蒂芬．史匹柏的兒子等等，是名副其實的「明星」幼稚園，採取開放式、遊戲式教學，園裡還開闢了一座小小農場。

UCLA原來不收柏毅這樣的孩子，我是校友，學校又剛好在進行一項「自閉兒融入常態學校」觀察計畫，柏毅因而成為第一個，就像一隻被觀察的白老鼠。

這隻白老鼠表現如何？這年齡的孩子，學校安排的動態活動不外乎排隊、牽手、跳舞、玩遊戲，靜態的則有剪貼、講故事、看卡通……柏毅聽不懂老師指令，人家坐著，他站起來，人家跳舞，他在畫畫。種種不明的挫折與壓力，讓他無預警地哭喊、大叫，所以一開始我必要坐在他身邊，輕聲細語擔任他的專屬翻譯員，其實更多是為了安定他。然而學校老師都非常排斥他，對他不理不睬，當我向老師提出柔性的抗議，他們竟辯稱：「要讓他學著獨立啊！」

人生有很多奇妙的際遇，二十年後，當年實行這項計畫的主持人竟然成為柏雄的指導教授。

如果不是柏毅，柏雄不會走向自閉症研究之路，我想他會是個小提琴家、程式設計師或研究熱愛的海洋生物。那一天，當他告訴我他要讀心理學，幫助自閉症孩子，我無法不這樣想，是不是我和柏毅，我們剝奪了他人生的選擇權？是我們讓他無法做自己？曾經我不只一次的告訴他，你那樣優秀，多才多藝，有你自己的人生，不必因為弟弟放棄你真正想追尋的，你不必把弟弟背負在身上。

老實說，如果我能阻止他，我一定不准他走向自閉症研究之路，我不要一整個家庭都圍繞著自閉症轉。我甚至都盤算過了，如果有一天，當柏毅沒有家人可以依靠的時候，我可以把他託付給誰。

但柏雄終究還是選擇了叛逆我，走進了自閉症的世界，進入研究所以後經常開兩個小時的車，只為了去教一個自閉症的孩子，遇到有攻擊性的個案，還被咬到受傷。我問他為什麼，難道我和柏毅還不夠辛苦嗎？為什麼你也要來參一腳？他給的答案簡短有力，讓我無法反駁。

「因為這是對人生有意義的事。」他說。

然而，卻不是每一個老師都從「意義」出發，把他們的學生當作孩子來愛、來教導。

有的老師像天使，有的老師沒有熱情，只是把教書當作一份工作，對特別的孩子從不額外付出。在附幼，柏毅是個不一樣的孩子，正在「被觀察」，每一個老師都知道，卻沒有耐性特別關照，當然也欠缺教導自閉兒的經驗，所以選擇性的忽略他，眼睛故意不瞄他，嘴巴不喊他的名字，當他是空氣和透明人。會察言觀色的小朋友大約都能嗅出一股「老師不喜歡這個人」的氣氛，因此都離他遠遠的，沒有人願意主動來找他玩，每一天每一天，我看著柏毅一個人安安靜靜玩沙、玩水、畫圖。

只要讓他看到我在一旁，他就不會吵鬧。

一個被當作空氣，像透明人的孩子，他的心會不會受傷？會不會疼痛？這算不算一種歧視，沉默的霸凌？

我也連帶成了老師嫌惡的人，他們界定我是以「監視者」的身分存在，所以我必須盡可能地按捺，壓抑自己不要介入，以免讓柏毅更加受到排斥。

我也因此慢慢嘗試放手，從抱著他上課，到坐在教室後面看著他，再讓他一個人在教室，告訴他媽媽要到別的班級協助教學，只是每一堂課之前我都必須先帶他到另一間教室，明確地讓他知道「媽媽就在這裡」，一到下課又趕緊跑過去看看他，確認沒有人欺負他，也讓他知道媽媽不會跑掉。

沒有看到我，或者不知道我在什麼地方，柏毅會焦慮地不停地找，一直到現在都還是如此。

「實驗」八個月，不能說一無所得，柏毅的收穫，是學習到可以安靜地坐著聽課——也許只是坐著，什麼都沒有聽進去，他也可以和同學一起到餐廳吃午餐，用餐完畢後會收拾刀叉，這是團體生活必須有的紀律。但除此之外，所有狀況都顯示柏毅無法在這樣的環境中學習，更遑論進步，他需要能夠配合他學習模式的教學，否則就像《愛麗絲夢遊仙境》撲克王國紅心皇后說的，「拚命地跑，但還是留在原地。」

所以我決定自力救濟，孟子的媽媽為了孩子搬三次家，還好二十世紀有車如翼，為了幫柏毅找到一個好老師，我來回奔馳於公路，從一所學校換到另一所學校。

芭芭拉老師就是我上門求來的好老師。

親愛的芭芭拉老師

柏毅三歲的時候，經過幾番打探，我得知芭芭拉老師是洛杉磯西區教導自閉兒首屈一指的名師，她任教的班級是一個專門收三到十歲自閉症孩子的特別班。

我下定決心讓芭芭拉成為柏毅的老師。

第一次抱著柏毅去找芭芭拉老師時，她告訴我，班上已經有八個孩子，不能再多了，妳回去吧。

我不輕言放棄，纏著她拜託她想辦法，最後逼出她對我說：「柏毅媽媽，告訴妳我想退休了。」

用退休來讓我打退堂鼓嗎？她沒想到，我還是不死心。

一星期後，我又抱著柏毅去找她，一樣的懇求她，她依然還是不肯答應，「那麼請妳給我建議，柏毅要送到哪個學校比較好？」我退而求其次，以退為進。這一次她看看我，想了想，最後蹦出一句「妳過幾個星期再來吧」。

這句話給了我一線希望，兩三個星期後我和柏毅再度出現在她面前，「可是你們不在這個學區，需要先登記，請先去排隊抽籤吧。」她用一種公事公辦的態度下達指令。

就這樣，我聽她的話先去登記，等待抽籤，但每個星期四的中午，我還是準時站在芭芭拉老師的教室外面，我知道她在午休，午休後會走出來，當她一走出來就看見我們母子倆。

不笑的時候，胖乎乎的芭芭拉看起來很兇，我每星期都要和這張很兇的臉互相對看。有一天，無風無雲，太陽火辣，我等她等到滿頭大汗，「妳還在這裡等？妳是不是瘋了？」她一走出辦公室看到我，劈頭一頓罵。

「請妳幫我兒子。」我這樣回答她。

那是奇妙的一天，也是我堅持了兩年才換來的奇妙一天，堅固的冰開始融化，打不開的門忽然敞開，我登堂入室，從此以後芭芭拉老師和我變成好朋友。我們的友誼一直持續到今天，只要回洛杉磯的家，我和柏毅一定去找她，親愛的芭芭拉老師。

是芭芭拉老師，發現了柏毅獨特的天賦。

上：當年芭芭拉老師班上的大合照。下：2014 年再訪芭芭拉老師。

土星的插曲

離開ＵＣＬＡ附幼，進到芭芭拉老師班級的兩年之間，是一段動盪的歲月，我帶著柏毅流浪了六所學校，我們去過住家附近的一所教會學校，遇到冷漠以對的老師，所以只在那裡待了一學期。有的學校，老師很好，但同班的同學卻有問題，我擔心柏毅模仿同學爆粗口、打人的習慣，所以「此地也不宜久留」。後來我打聽到黑人區那裡有一位口碑很好的特教男老師，便想把柏毅送去那裡。但柏毅爸爸卻抱持反對的態度，連親戚朋友也說我瘋了。即使如此，我依然認定選擇老師比選擇學校和學區更重要，堅持讓柏毅轉學到這名老師的班上。

那所學校就叫「土星」，每個孩子一進學校就會先上一堂認識土星課，柏毅因此和土星建立感情，這也是他的土星系列畫作的由來。

學校距離我家有四十分鐘的車程，我每天一大早親自送柏毅上學。土星的班級採混齡制，這個老師對待柏毅這樣的孩子很有愛心，也很有自己的一套辦法，可以讓他安安心心地坐在教室上課。

直到有一天，我們和平常一樣上學，快到學校時，忽然聽見類似爆炸的聲音，我以為有人在放鞭炮。幾分鐘後，警車和救護車呼嘯而來，我才知道遇上了一場宛如電影的幫派火併，有人當場中彈身亡，血染街頭。我驚魂未定，子彈不長眼睛，倘若早一分鐘，我們母子倆也很有可能命喪街頭。

在車上安睡著的柏毅並不知道有這場槍戰，但我心裡明白，這所學校並不安全，該是離開的時候了。真能有一個地方可以安置柏毅，有老師擁有相當的耐心和毅力陪伴柏毅度過這一段求學歲月嗎？

當時的我，心裡彌漫著擔憂與不安，卻始終堅信，世界上仍有一個地方肯接納柏毅，仍有一個人，等待著柏毅。

在馬背上遨遊，在水中飛翔

只要是專家確認有益於自閉兒的事，再困難我都會去嘗試，我是個說到做到、身體力行的積極分子，沒有猶豫和等待，所以從柏毅被宣判有自閉症那天，我就四處蒐集情報，尋求公家資源，一得知政府免費提供一套騎馬治療課程給自閉兒童，我馬上為柏毅報名。雖然「排隊」等了一年多，才輪到柏毅，但效果卻是值得的。在柏毅長期接受的各種教育訓練中，騎馬和游泳為他帶來了莫大的幫助。我想都沒想過，除了幫助，他的潛力竟然如此驚人，驚人到有一天會成為選手，四處參加比賽。

柏毅五歲開始學騎馬，每週一次，我帶著他到車程一小時遠的馬場上課。當然並非一開始就讓孩子騎馬，課程是循序漸進的，先在老師協助下站到馬背上，克服對高大的馬的恐懼，接著老師會教他一套體操，這是為了練習平衡感，以及習慣於搖晃，柏毅必須配合指令，學騎馬也等於同時重複學習新的詞彙，算是額外的收穫。整個訓練過程，一名學生至少有三位老師在一旁陪同，隨時注意狀況，讓可能發生的危險降到最低。

騎馬讓我理解一件事，對孩子來說，特別是過分敏感的孩子，無論騎馬或其他，如果最初的經驗是好的、愉快的，他就不會害怕，願意持續下去。

柏毅一騎就騎了十三年，風雨無阻，從零到選手級的程度，和馬兒變成了朋友，回到台灣後我偶爾也會帶他到馬場溫習。一直到二〇一二年，有一次他從馬上摔下來，當時我不在現場，無法還原整個過程，也因為不能還原，無法幫助他解除恐懼，意外發生一年多後他還是不肯再上馬，至今這還是個待解的謎。

游泳則是另一個故事。

柏毅怕水，每天洗澡都哭鬧不停，尤其是淋浴，即使確診為自閉症，我對所謂的「觸覺敏感」仍一無所悉，以為他只是不喜歡洗澡，時日一久就能適應。一直到柏毅三、四歲時，我第一次遇到天寶．葛蘭汀，她告訴我她住在東岸，東岸經常下雨，「雨聲對我來說，就像開機關槍那樣的震撼，雨水打在我的臉，就像針扎到我的臉。」

我當場驚詫得有如被石化一般，一個字都說不出口，啊，原來水柱沖在柏毅身上就像子彈，宛如針扎，他那樣的痛卻又不會說痛，我還不斷地用水凌遲他，那是我將背負一生的愧疚。

改成泡澡後，柏毅變得不再怕水，我更進一步抱著他到社區游泳池「泡水」，

各種運動都難不倒柏毅。

頭一下水他緊抓著我不放，怕頭臉沾到水。知道柏毅不喜歡弄濕頭臉，我把一條乾毛巾綁在頭上，他的頭臉一濕我就解開毛巾幫他擦，毛巾拎乾後再綁回頭上，如此反覆，終於他漸漸習慣了頭濕臉濕，也才敢把頭埋進水裡。

當時柏毅四歲多，哥哥已經在社區游泳池來去自如，很有游泳天賦，後來當選學校校隊，跟著一位黑人教練有規律地練習。

當柏毅進步到不再害怕把頭臉弄濕，我想是時候了，便去拜託教練教他游泳，其實最初的想法只是，我希望柏毅有一天在水裡也有能力保護自己，如此而已。教練看看瘦到只剩一把骨頭的他，說了一句：「明年再來。」

我繼續抱著柏毅泡水，「明年」一到，立刻又去請求教練收他為徒，他還是一樣，看看這隻一年之內完全沒有長高長胖的小猴子說：「明年再來。」這樣過了一個明年又一個明年，我還是一樣求他，一樣帶著柏毅跟著哥哥去游泳。忽然有一天，教練自己走過來，開口問我和柏毅：「你要不要跟著哥哥一起學？我們可以試試看噢！」

我想教練不是被我感動，便是時候已到，畢竟柏毅已經快九歲了，我們等待了三年之久。

一開始學習游泳也不是很順利，我必須陪在身邊，「翻譯」教練的指令兼當啦啦隊。為了緩和練習氣氛，我還跟教練開玩笑說：「嘿，說不定有一天他會在最旁邊那個水道喲。」教練回應得很直接：「連想都別想了，妳不要在那邊作夢。」只有游得最好、最快的人才有資格進入第一水道。

我不希望柏毅整天整夜的畫畫，他的體內一定還藏著什麼我不知道的潛能，所以只有讓他拚命地學，各方嘗試，從學習中找到答案。除了上學，每週上一次騎馬課，游泳課則是兩次到三次，從完全不會到出乎意外的越游越好，教練的眼鏡跌破好幾副後，決定特別加強訓練他，更沒想到特訓後的柏毅一游就游得比哥哥快。我們報名參加社區比賽，他總是游最快的那一個。

柏毅不但游得好，還游得久，一游就能游兩個小時。教練因而建議他加入學校的游泳隊，於是我陪著柏毅去考試，結果一試便過關，那年他才十歲。

我其實搞不清楚柏毅是怎麼學會游泳的，而且還能游得那麼快，我只知道，他日復一日，年復一年的練習，然後，好像一夜之間他突然變成一條魚，就脫胎換骨了，也開始長高長胖，變成一個帥哥，這之前他的身高體重一直陷在停滯狀態，風一吹就會倒的模樣。入選校隊後他開始代表學校參賽，南征北討，在舊金山的比賽他曾拿到一百公尺獎牌，接著又代表ＬＡ出賽，感覺每一個人看他的眼光都不一樣了。

柏毅當然沒有這種複雜的心思，也因為如此，當他面對比賽時，完全不會緊張，每一次都興高采烈，笑咪咪地參加，純粹是為了從泳池上來後都有獎牌可拿，

柏毅樂於參加各種球類運動，圖為足球隊合照。

又有披薩可吃，獲得的報償比畫畫更直接、更實在。當時他已經是有一點名氣的小畫家了。雖然他不緊張，但我很緊張，每一次參加接力賽我都繃緊神經，事前必須一再演練，生怕因為他的不懂規則，沒接好棒，或者一時之間恍神，情緒不穩，影響全隊成績。美國媽媽們的心態就是「一定要贏」，倘若輸了，他們會說是我們拖累的。因為不想讓柏毅放棄這些機會，短短幾分鐘的比賽，我們往往得要花費好幾倍的時間準備。

柏毅現在仍然經常游泳，每一次看到他在水中來去，我總是想，這就是他的學習模式，他的天賦，一旦熟悉了某種律動，游泳對他來說就成了重複的動作，他什麼都不必管，只要不斷地游，游到終點，如果不給他一個終點，我猜他會一直往前游，一直游到力氣用盡。有時候我忍不住想，追日的夸父，恐怕也有自閉症吧！

也就是從游泳後，柏毅才開始長高，變帥。之前大概有三四年之久，他一直穿同一條褲子，彷彿生命停止在某一個點就不再前進，像是一個被成長女神遺忘在荒野裡的小孩。

投籃和保齡球對他來說也一樣，只要抓到一定的角度，用正確的力氣，球就會進籃，或者把瓶子全部擊倒，反覆練習後這變成重複的動作，刷刷刷碰碰碰，他可以站在原地不斷地把球投進籃框裡，可以讓瓶子倒得一個都不剩。

但是加入籃球隊就不行了，他永遠學不會「合作」，或者遵循某些複雜的規則，可能會把球投進對方的籃框，更可能一下場就不停地犯規，然後沒幾分鐘就五次犯滿畢業，又被同學、家長罵翻了。

無比孤獨的努力

回到台灣後有自閉兒的父母最常問我的是：「我的孩子已經學了很久很久，為什麼還沒看到他的進步？」，以及「如果學那麼久都沒進步，還要不要讓他繼續學？這是不是把時間和錢丟到水裡呢？」

「學了多久呢？」我總是反問。

有的人說半年，有的人說一年，但這樣真的夠嗎？

還有一種父母，他們的態度是，反正孩子是重度自閉症，是壞掉的人，怎樣學也學不會，怎樣學還不是不斷地在重複，沒有指望，乾脆什麼不要學，一輩子關在家裡算了。

很多重度自閉症者的學習權利就這樣被剝奪了。

我的看法剛好相反，因為是重度自閉，反而更應該給他學習的機會，練習再練習，重複再重複。除了天賦的繪畫才能外，對重度自閉症的柏毅來說，其餘的一切：刷牙、洗臉、上廁所、說話、認字、騎馬、游泳、打球、寫日記……每一件事都要用最笨的方法學，每一件都要教很久，很久的意思不是一年、兩年，而是以五年、十年為單位的那種很久很久。要努力五年、十年，你才會看到一點點的成績。給他們五年、十年，他們一定會進步給你看。

如果沒有持續五年、十年，對我來說那都不夠久，我們不是為了獎牌和掌聲而努力，我們的努力是無比孤獨的，是那種看不到結果的努力。即使看不到結果，仍然必須努力，因為不努力，生命就只能這樣了。

舉柏毅學說話當例子吧，一直到現在，即使每天上英文和中文會話課，柏毅還是不能發展出複雜一點的對話，也只能理解話語表面的意義。他會禮貌的和人打招呼，擁抱、問候沒問題，也能正確回應簡單的提問：「你好嗎？」「我很好。」「你今天做什麼？」「柏毅畫畫。」「畫什麼？」「柏毅畫麋鹿。」「為什麼畫麋鹿？」「柏毅喜歡。」當有人讚美他的畫的時候，他會微笑著說：「謝謝。」就這樣，然後就結束了。

但是，他一直在進步。

There is no tomorrow.

柏毅也能寫字，他的字很漂亮的，從五、六歲開始，我便教柏毅每天都用英文寫日記。起初他不會寫，我唸一個字，他寫一個字，這個習慣一旦養成，他變成每一天都要寫日記才肯睡覺。每次一寫總要半小時、一小時，我經常一面打瞌睡一面唸給他寫，實在撐不下去時，我會拜託他不要寫了，明天早上再寫不行嗎？

「There is no tomorrow.」他竟然這樣回答我。

這是我常對他說的話，「今日事，今日畢。」今天的事情不要留到明天，通常我不確定柏毅對語言的理解程度，但有時候他確實能準確無誤地應用。是啊，為什麼要等到明天呢？得要把今天當成「沒有明天」，過得美麗燦爛才行。

有一天實在太累，體力不支，我躺在床上馬上就睡著了。沒想到第二天一起床，竟發現他自己把日記寫好了。

直到現在，他數十年如一日，每天都把這一天當中發生的事情平鋪直敘地寫在日記裡。看著房間裡他累積的三、四十本日記簿，我總覺得這一定是全世界最長最長的流水帳。

再舉一個類似的例子吧，有一次我和朋友聊天，朋友在抱怨她的丈夫，傾吐她在婚姻中所受的苦，講到淚眼汪汪，我只能安慰她、鼓勵她。

一直坐在隔壁座安安靜靜的柏毅卻在此時開口：「沒關係，一切都過去了。」（It doesn't matter. It's all in the past.）

這是《獅子王》中的一句台詞，那是柏毅最愛的動畫之一，這麼多年來他反覆地看，有時只為了看其中的某一個片段。沒想到那些對白早已安安靜靜地躺在他的心底，遇到適當的情境，便能從他口中流露出來。

我們以為他沒聽進去的，他其實都有在聽。我們以為他沒聽懂的，他其實也略懂略懂了。

也許柏毅一輩子都要上說話課，都要寫日記，也許他進步得很慢，但只要柏毅堅持要做，我又有什麼資格要他放棄呢？

學習的渴望內建在每一個人的基因裡，就像柏毅說的「There is no tomorrow.」把握今天，用力學吧！遇到挫折何必太過悲傷呢？「沒關係，一切都過去了。」

藝想天開的天才

如果說他的日記是樸實無華的繭，他的畫，就像破蛹而出的蝴蝶。

如願進到芭芭拉老師班上那年，是柏毅快六歲的時候，「我從來不曾見過像妳這樣的母親。」她看著我說。我不知道這是在讚美，還是「我快被妳纏死了」的另一種說法。

「我一定要給孩子受好的教育，給他和柏雄一樣平等的教育環境與機會去學習，只要讓他變好，我可以不顧一切帶他到任何地方。」我回答她，以一種明天就要和柏毅飛到外太空的決心。

三年的學校流浪記終於結束了，從此進入穩定狀態。芭芭拉班上有八個不同障別的孩子，年紀從五歲到十三歲，有三位協同教學的助教。一開始我也陪著柏毅一起上課，像我這樣「黏」孩子的美國媽媽並不多見，或許是基於對學校，對老師的信任。但比起信任，我更想百分之一百掌握柏毅的狀況，以便更有效能地幫助他。

其實在那個時候，我最擔憂的是，柏毅總是不斷在畫畫。為了轉移他的注意力，擴大經驗範圍，我帶他去騎馬、游泳、體操，學校一放假，便全家去旅行。哥哥加入童軍後，一有活動我們都去當跟班，有時一起去露營，有時一起到超市門口賣巧克力募款，我們發過傳單，在軍人節時去給戰士上墳，也去到海邊撿垃圾，簡直無役不與。

每年夏天，春燕嫂帶三個兒子到美國上暑期班，會借住我們家。因此只要在暑假，家裡包括柏毅至少會有五到九個小孩玩在一起，一起度過漫長的夏天。

沒有活動的時候，我就主動安排，鄰居的孩子和哥哥的同學經常受我之邀到家裡「陪玩」，誘因就是我烤的蛋糕和烘焙的 Pizza，這難不倒我，到底我是明星西點的女兒。難的是我必須在孩子們當中穿針引線，有時候找話題，有時候設計遊戲，通常是打撲克牌或扮家家酒，既希望柏毅融入大家，從其中學會「輪流」，又想要小客人玩得盡興，下一次還肯再來，每一次都把自己弄得疲累不堪，最後發現大家只是想來吃點心。

但是至少，這樣的社交訓練讓柏毅不會害怕面對陌生人，甚至相反，他很喜歡一群人熱鬧烘烘，嬉笑怒罵，他總是微笑地看著，在其中又不在其中，自在而愉悅。

當時我沒有想到，日後他必須面對更大的場面，站上世界的舞台。

而我如此費盡心機的把柏毅的時間填滿，當然就是為了不讓他一直畫，我要他像其他的孩子，在草地上奔跑，看卡通片，聽得懂笑話也會說笑話，和朋友、表

兄弟滾來滾去打架，每天放學回家和哥哥搶著跟媽媽報告學校的新鮮事，有時候會自己編故事，有時候撒個小謊，有時候不願意回家，寧可和朋友窩在一起。我甚至固執地認定，如果拿掉畫筆，說不定柏毅可以慢慢變回一個正常的孩子。只要我夠努力。

在我被制約的想像裡，人生應該有一條「正常」的軌道，有所謂的主流價值，生而為人，最終目標就是自我管理，獨立生存，不需要仰賴人，但同時又能與他人合作，融入社會。達不到目標，是因為不夠努力。

所以有一段時間，大約是柏毅四歲以後，我真的狠下心來奪走他的紙和筆，不讓他畫。

我不讓他畫，他就用手指頭在空氣

中畫，好像這世界上沒有東西是不能用來當畫布的。

直到芭芭拉老師有一次下課時，收到柏毅送給她的「禮物」，那是他即席畫下的上一堂課的上課情景。在觀察柏毅一段時日後，她以一種發現珍寶的心情欣賞這個無時無刻不在畫畫的小孩，她發現他雖然無法和正常人一樣表達，但卻有「接收」的能力，他對於自己經歷的事情是有感觸的，只是他轉譯的工具不是語言，而是畫。

「柏毅具有與生俱來的繪畫天分，」她一臉嚴肅的告訴我，「請妳不要阻止，不要扼殺了他珍貴的天賦。」

同一個柏毅，同樣不停止地畫，不管他畫了什麼、畫得如何，我看到的是他的強迫行為，這讓我忍無可忍，想出手制止、剝奪、矯正、改造。芭芭拉老師卻說他的作品非常奇妙，獨具風格，一眼就能辨識，這就是天賦；她說真正的天賦藏不住，無法壓抑，只能順從。我知道柏毅愛畫，如果不帶他去做點

左：從小就是畫畫比賽的常勝軍。右：柏毅用自己的畫為商店設計櫥窗。

別的，他可以一整天都在畫，可是當芭芭拉老師提出建議，要我帶柏毅去接受加州州立大學的美術資優天才的鑑定，我心想，對一個連話都說不好、無法表達的孩子，這怎麼可能？這不是天方夜譚是什麼？

在這之前，我從來不曾聽說過有這種評鑑。

評鑑過程遠比我想像的複雜，我原來以為，只要送作品過去讓專家們研究審核一番，結果審閱作品只是第一關，第一關通過後，接下來還要接受當場測試，他們擔心有人代筆。連續七天，我開車帶他到考場，我以柏毅有自閉症為由請求特別通融，允許家人陪伴測試，但未獲准，我看著柏毅一個人走進教室後，低頭禱告。

測試內容就是看他們當場畫出來的作品，每天給不同的題目，用不同的媒材，我猜柏毅應該畫得如魚得水吧，畢竟這是他的「常態」。七天之後，柏毅竟然被鑑定為資優天才，我說他有自閉症呀，他們說這裡只問藝術天分有無，不問他有沒有自閉症。

資優天才也不只是一個認定，往後十年的每個星期六，我必須帶著柏毅和一群資優天才們到加州州立大學上課，學校安排的課程非常多元，素描、寫生、油畫、花藝、黏土，陶藝，總之你所能想像以及不能想像的藝術相關課程應有盡有。柏毅喜歡和一大群人一起上課，會好奇其他人在畫些什麼，這應該歸功於後天的訓練。有一次老師出了一個題目，要同學模擬一幅必須用左手畫的黑白畫，我才知道柏毅原來也可以用左手畫，交作業的時候，每一個人都是一張和原畫一樣的黑白畫，只有柏毅，還是彩色的。

如今回想起來，那十年的歲月，柏毅接受到各個老師、各種風格的衝擊，我們看過無數展覽，踏遍洛杉磯所有的美術館。柏毅後來豐富多元的創作，應該是源自這個時期的滋養及訓練。

如果他能充分表達，我最想問他的問題是：你是怎麼決定畫中的顏色的？紅色的長頸鹿，黃色的腳丫，綠色的天空，為什麼可以如此自由奔放？如此無法無天？

我想這大概就相當於台灣的美術資優班，只是美國沒有資優班，而是由地方上的大學主導，找出有天分的「種子」澆灌培養。柏毅的同學從小學生到大學生都有，只有他一個人有自閉症。

而我每星期當「伴讀」，和柏毅一起上課，拆解老師的話好讓他理解，上課之餘還有參觀不完的美術館展覽，幾年下來，我想我是收穫最多的人，差不多等於修完了幾個大學的藝術學分。

柏毅還養成一個習慣，每看完一檔展覽，他一定買畫冊，回家之後很認真的，一個字一個字把畫冊上的解說讀完。我不知道他讀進多少，理解了什麼，但無論如何總有吸收到養分，我確定這對「打開」他的固著行為有很大程度的幫助。

參觀畫廊或任何展覽，如果有解說牌，或者語音導覽，他也一定全程看完聽完，我沒有看過這麼用功的學生。

自閉症的行為特徵是固著，然而柏毅的畫作卻沒有任何界線，可以彩色，也可以黑白；題材則十分多元，媒材也從不設限，隨著生命的經驗一直在改變，他可以在漂流木上畫，在素坯上畫，在他的舊畫上層層疊疊，變成一幅新的畫。為什麼？答案可能就是他有一個非常特別的出發點，從藝術課程到看過數不清的畫展，到「閱讀」畫冊，加上經常旅行，日積月累下來，逐漸起了化學作用。

回到常態學校，在芭芭拉的班上，柏毅的畫永遠代表學校參展，抱回不知多少獎項。對此他沒有什麼反應，大概一輩子也無法理解為什麼有人會因為一幅畫被選入美術館收藏而興奮和榮耀，他只知道到處都掛著他的畫。「柏毅是你弟弟？他畫得真棒！」唸同一所學校的哥哥反而常被同學的父母問起，代替弟弟接受數不清的讚美，既然弟弟是學校裡的風雲人物，他的身分就升級成了「柏毅的哥哥」。

只是我還在努力，找機會把他推往畫畫以外的地方。一直到柏毅十三歲，第一次開畫展，我才徹底說服自己，不再掙扎，接受這是柏毅的命運，是他要走的路，我要陪伴他一起走下去。

這要與天寶．葛蘭汀相遇說起。

珍寶近在眼前

在柏毅成長的不同階段，我總共見過天寶．葛蘭汀幾次，每一次都帶給我不曾有過的震撼，我與柏毅的人生，因為她而產生了不可思議的改變。

天寶．葛蘭汀是自閉症者中的頭號傳奇人物，自閉症者的內在世界如果像一扇從外面打不開的門，那麼住在裡頭的葛蘭汀就是為我們打開那扇門的人。她不只開了門，還像解剖師一樣，用銳利的手術刀切開肌肉，挑出神經，赤裸裸地展現給我們看：看，我們是這樣感覺的，我們是這樣思考的。

如果不是天寶．葛蘭汀，我想我還是會阻止柏毅畫畫，即使他被鑑定為天才，我仍然一心一意渴望他「成為」一個正常人，而不是自閉的繪畫天才。

第一次見到葛蘭汀時，柏毅五歲，她已經是動物科學博士，應ＬＡ的自閉症基金會邀請前來演講，學校把這個消息通知自閉兒的家長。對我來說，這無異是天降神兵，我提著一籮筐的疑問前去求救。

當時我正處於狂亂的狀態，得不到充分的自閉症相關資訊，找不到適合的學校，和家人意見相左，為了能當面向葛蘭汀求教，聽完演講後我特別留下來排隊，等了好久好久，終於輪到我發問。

第一次面對面，我的第一個感覺是，葛蘭汀是個有點木訥，甚至不好親近的人。我問問題時，她的眼神總飄向另一側迴避我。而我是如此急切，就像跌入海中的人想抓住浮木。我以為她沒在聽，急忙移動到她眼神投射的方向，好讓她看見我，聽見我，結果才換到另一邊，她的眼神又飄走了。我一下往右，一下往左，不停的移動，然而我與葛蘭汀的視線始終沒有交會。

柏毅的眼睛也不會直視正在說話的對方，這是自閉症的共同特徵，而我是如此慌亂，只把站在面前的人當作專家，卻忘了她也有自閉症。

另一次見面，柏毅十三歲，剛剛開過他人生的第一次畫展，是個公認的天才畫家，然而只有我，還沒有接受這個事實。

「我不希望他一直畫，一直畫，我希望他學習做一個正常人，我該怎麼幫他呢？」我問葛蘭汀。

「妳對『正常』的定義是什麼？」她問。

「不要那麼在乎他的行為。」她一個字一個字的回答我，眼神還是飄向另一側。

「不要那麼在乎他的行為，因為他永遠會是這個樣子。我也一樣，就算五十多歲了，到現在我還是有很多沒有辦法克服的事。」

他永遠會是這個樣子，葛蘭汀說出的話，只是我一直無法面對的事實。我不發一語，然後她又接著說：

「妳不要把注意力都放在他的不足，要去看他擅長什麼，讓他在擅長的地方發揮，這就是對他最大的幫助。」（Focus on ability not "dis"ability.）

她的話像一記狠辣的耳光，打中了我的盲點，或者應該這麼說吧，打掉了我一直以來的驕傲。我一直想改變柏毅，想醫治好他的病，也相信自己能夠醫治好他的病，幾近瘋狂。但什麼是可以改變，什麼是不能的；什麼是必須改變，什麼又是不需要變的，我真的

不確定，我只是憑著我最大的意志力和忍耐力持續去做，讓柏毅嘗試「正常」孩子都會的一切，即使學不會，只要我看到他多學會一個單字，多聽了一場音樂會，和一個朋友多聊了幾句，都有一種像是收到禮物的滿足的心情。

然而這樣的我，卻忘了回過頭來看看他擅長的事，我忘了欣賞他的畫，思考他的畫，更重要的是，去理解他試圖用那些色彩和圖樣所想要表達的事。

就像珍寶近在眼前，而我卻棄之如敝屣。

謝謝天寶．葛蘭汀，讓我來得及回過頭來愛惜這份美麗的瑰寶。

天寶・葛蘭汀告訴我們的事

天寶・葛蘭汀應該是全世界寫最多本書的自閉症人。她是自閉症患者，同時也是動物科學博士，全美國超過三分之一的牲畜管理設施都是她設計的。

除了自傳《星星的孩子：一個畜牧科學博士的自閉症告白》（Emergence, labeled autistic），她還有八、九本關於自閉症以及動物行為的著作，其中有兩本書譯成中文，一本是她一九九五年出版的《星星的孩子：自閉天才的圖像思考》（Thinking in Pictures: and Other Reports from My Life with Autism），另一本是《我看世界的方法跟你不一樣：給自閉症家庭的實用指南》（The Way I See It：A Personal Look at Autism and Asperger's）。

相對於正常人類，自閉症者常被稱作「來自外星球的小孩」、「星兒」、「小貝殼」、「深藍小孩」、「天行者」等等，但被美化的溝通障礙還是障礙，他們內在的宇宙如謎，卻沒有一個哥白尼或克卜勒能夠進入那裡面探勘，傾聽他們腦中的聲音，把外星的消息翻譯給我們聽。

不過以佛洛伊德的觀點，沒有一個人是真正正常的，神經科學也證實了，某一方面才賦的過度發展，很可能是另一方面的不足。所以有一種說法，一個有自閉症又具有非凡天才的人，通常是繪畫或數學，當他發展出比較接近「正常」的社交和語言能力時，會逐漸失去他的特殊天才。

對我來說，天寶．葛蘭汀是上帝派來讓世人了解自閉症者的天使。

天寶．葛蘭汀十五歲才被診斷為自閉症。自閉症症狀通常出現在十二個月到二十四個月之間——柏毅也一樣，但嬰兒時期如果出現抗拒摟抱，總是試圖推開或尖叫，也可以視為前兆。天寶．葛蘭汀就是個被大人抱的時候會奮力掙脫，但可以獨自安靜坐在嬰兒車的嬰兒，「自有記憶以來，我就很討厭別人摟抱我。我很想體驗被人摟抱的美好感覺，但就是受不了它。它的刺激就像會吞噬一切的巨浪，令我像頭野獸般的反抗。」

但一直到三歲還不會說話，天寶擔任記者的母親才意識到這孩子有問題，除了不說話，她不正眼看人、哭鬧、聽而不聞、對人沒有興趣、經常發呆，這些都是典型的自閉症症狀。檢查過聽力確定正常後，腦神經科醫生下了一個「腦部受損」的診斷，那時候大部分醫生都不知有自閉症，有情緒困擾的孩子都被貼上這樣的標籤。

當時很多專家都建議天寶住院治療，天寶的母親聽了腦神經醫生的建議，幫天寶找到一家提供語言治療的幼兒園，有兩位老師教導及照顧六名幼兒。天寶讀初中時因為朝著同學扔課本被退學，母親為她找到一所寄宿學校，在那裡她遇到的一位理科老師克拉克，他用不同的自然作業來激勵天寶，讓她明白必須用功讀書，才能上大學。

天寶・葛蘭汀記得三歲時不會說話帶來的挫折感，「我了解別人對我說的話，但我就是沒辦法說出自己想說的話」，所以除了大聲尖叫，發脾氣，她不知如何溝通。還曾經在失控的狀態下咬過老師的腿。

母親自有一套「對付」天寶・葛蘭汀的方法，她告訴老師，當天寶發脾氣，處理方法就是不要生氣或激動，大聲斥喝只會使得他們更加狂亂，但回家後天寶會遭到一天不能看電視的懲處。事後懲處還是必要的，不能放任為所欲為。家裡與學校的紀律一致，天寶的母親與老師站在同一陣線。

「我以前經常做的一件事是抓一把沙，讓沙從我的指縫流過，我會盯著沙看，觀察每一粒沙在指間流動，就像科學家透過顯微鏡看東西那樣地研究。我這樣做的時候，可以把整個世界抵擋在外。」

這是她讓自己安靜下來的方法，但她也知道，如果整天抓沙看沙，就不可能成長和進步，所以「年幼的自閉兒每天的生活都得好好安排，不管在學校還是在家裡」，這一點我相信我盡到了一個母親的責任。

除了觸覺，自閉症者通常也對聲音過度敏感，當太多的噪音讓人受不了，天

Leland Lee

寶．葛蘭汀會藉著搖晃和旋轉來阻隔這個世界。

正常的孩子會自然而然將語言與生活中的事物連結起來，但自閉兒不會，教導他們學習語言也得因人而異，一種孩子在兩歲前看起來像失聰，但到了三歲就能理解話語，天寶．葛蘭汀屬於這種，聽得懂大人對她說的話，但如果是大人彼此在交談，對她來說就像無意義的聲音。另一種孩子看起來發展正常，但是到一歲半兩歲反而不會說話，因為感覺系統越來越混亂，無法處理和理解四周景物和聲音，於是將自己封閉起來。

沒有自閉症的人恐怕無法理解「感覺雜亂」是怎麼一回事，天寶．葛蘭汀提供一個例子：「如果老師抓住我的下巴，強迫我看著她，我就會把我的耳朵關掉。」這是一個高功能的自閉症者的描述，她就是沒辦法同時看和聽，不能在兩種不同的刺激之間快速的轉移注意力。

還有一位自閉症者說，他無法注視對方的眼睛，是因為眼睛老是在動，這讓人無法忍受。

天寶．葛蘭汀要告訴我們的是，自閉症患者的許多行為看似怪異，實是扭曲或過於密集的感覺訊息所引發的反應，迴路超載，於是因為恐懼而尖叫，「即便是現在，半夜有人吹口哨都會讓我心跳加速。」他們需要一個安靜，沒有跳動的螢光，沒有干擾的環境，才能學習。

還有一個問題：自閉症患者沒有感情嗎？

「理智上，我知道夕陽很美，但我感覺不到。」天寶．葛蘭汀說。自閉症患者不了解人際關係中複雜的情感，只懂簡單的情緒，如恐懼、憤怒、快樂、悲傷。「有些情感我體驗不到。」天寶．葛蘭汀第一次隱約覺得自己的感情與別人不同，是在讀高中時，她的室友正在迷戀他們的理科老師，但她無法體會這種感情。「對我來說，所有恰當的社交行為都需要靠智力習得，經驗豐富了，我的社交技巧也比較純熟了。」

這也是為什麼我必須帶柏毅走出去，到處旅行，多和人接觸，不願意他關在家裡一直作畫。

面對自閉兒的固著性偏好，天寶．葛蘭汀認為不應該阻止，反倒應該開發它，將之導入有建設性的活動，轉化成事業。「人們太著重於自閉兒的不足，而疏於開發他們的長才。」這正是天寶．葛蘭汀用來回答我的話。

常有人問天寶．葛蘭汀她為何如此了解牛，可以從「牛的觀點」出發作設計，她說這要歸功於自閉症。「我之所以能與動物合作無間，大部分源於一個簡單的事實，那就是我看到牠們的行為與某些自閉症行為之間的種種關聯。」

譬如牛對於突兀事物的反應，就很可能類似自閉兒對環境中微小變化所產生的反應。「自閉兒不喜歡任何看起來突兀的東西，例如懸吊在家具上的一條線，不

2014 年，與天寶一起參加「TRAINING THE TALENT OF ARTISTS WITH AUTISM」慈善畫展。

平整的地毯，書架上排列不齊的書，也會注意到一般人忽視的小變化。」

注意到一般人忽視的小變化，這也是柏毅的特質。柏毅曾到誠品排列所有的書。天寶・葛蘭汀對此另有一解，「這是否顯現對抗掠食者的原始本能？」她問。對動物來說，如果確定某個地方很安全，就算四百公尺外有一片很好的牧草地，牠們也不會走過去吃，所以牧牛人帶著牛到一片新草地時，一定要在第一次就帶著牠們到各處吃草。

自閉兒和牛的共通之處還包括，有時候他們看到某些東西會驚慌失措，譬如一件藍色外套，最有可能是他正在穿那件外套時火警警鈴大作，兩者因此產生連結，恐懼記憶以圖像、聲音、氣味或觸感儲存，強烈的恐懼記憶可以關閉，但永遠沒辦法刪除。天寶很幽默地告訴我們：「維持長久的恐懼記憶有助於動物在自己的世界裡生存，忘記上回在哪兒看見獅子的動物是活不久的。」

自閉症者又是如何思考的呢？

「我的腦就好比一個專門提取影像的網路蒐尋器。」天寶・葛蘭汀說。

理解世界，有圖像思考和語文思考兩條不同的路。

多數自閉症患者都擁有超越一般人圖像的視像空間能力，所以擅長拼圖、認路，或者過目即能記住大量的資訊。相對來說語言能力則差了許多，即使是高功能自閉症，使用的語言可能也很公式化，很正式，很食古不化。

視像思考的人是從特定影像出發，譬如狗。天寶・葛蘭汀對狗的概念是從她所看到每一隻狗開始，這些狗會在她腦中開一個以影像儲存的檔，或謂一組目錄卡，看過越多的狗，這個檔或目錄就越大，知識就是這樣從一個檔到一個檔組構起來。

「日積月累地，我在記憶裡建立了一個龐大的資料庫，包括過去的經驗、電視、電影、報紙，來避免我的自閉症在社交情境可能造成的尷尬場面。」這也是為什麼我們必須幫助自閉兒「累積真實的經驗」的原因。

閱讀的時候，天寶會把書寫的文字轉譯為圖像，轉譯為彩色電影，或者把一整頁文字直接像照相一樣掃進記憶庫，留待以後提取閱讀。所以如果文本不能轉換成圖像，缺乏具體的事務，像有些哲學書，或關於牛期貨市場分析報告，她就無法理解。

她的生命意義建立在科學，知性的追尋。

那麼如何去理解「和平」、「誠實」這樣的抽象概念呢？天寶的方法是把它們想為象徵性的影像，譬如把「和平」想成新聞影片中簽署和平協議的畫面；把「誠實」想成法庭上把手放在聖經上，她也以同樣的方法來理解祈禱文，「罪」（trespassing）因此被她想成黑色和橘色的「不得闖入」（NO TRESPASSING）告示牌，至於「阿門」，她始終不明白為何祈禱結束時要說「一個男人」（Amen 與 a man）。

總而言之，天寶認為自己的思考模式類似於電腦的推算方式，而且她可以一步一步說明思考歷程，一直到上大學她才知道自己的思考模式和一般人不一樣，也才知道大多數人倚重的是情感訊號。

天寶讓世人「進入」自閉症，那裡面不是只有光怪陸離，還處處流動著令人驚嘆的天賦，不可思議的。

「如果我彈彈手指就能讓自己變得正常，我也不會這麼做——因為那麼一來，我就不會是我了，自閉症是我所以為我的部分原因。」這是天寶．葛蘭汀最感動我心的一句話。於是，我不再一味地希望柏毅變得「正常」，因為這麼一來，他就不是他了。

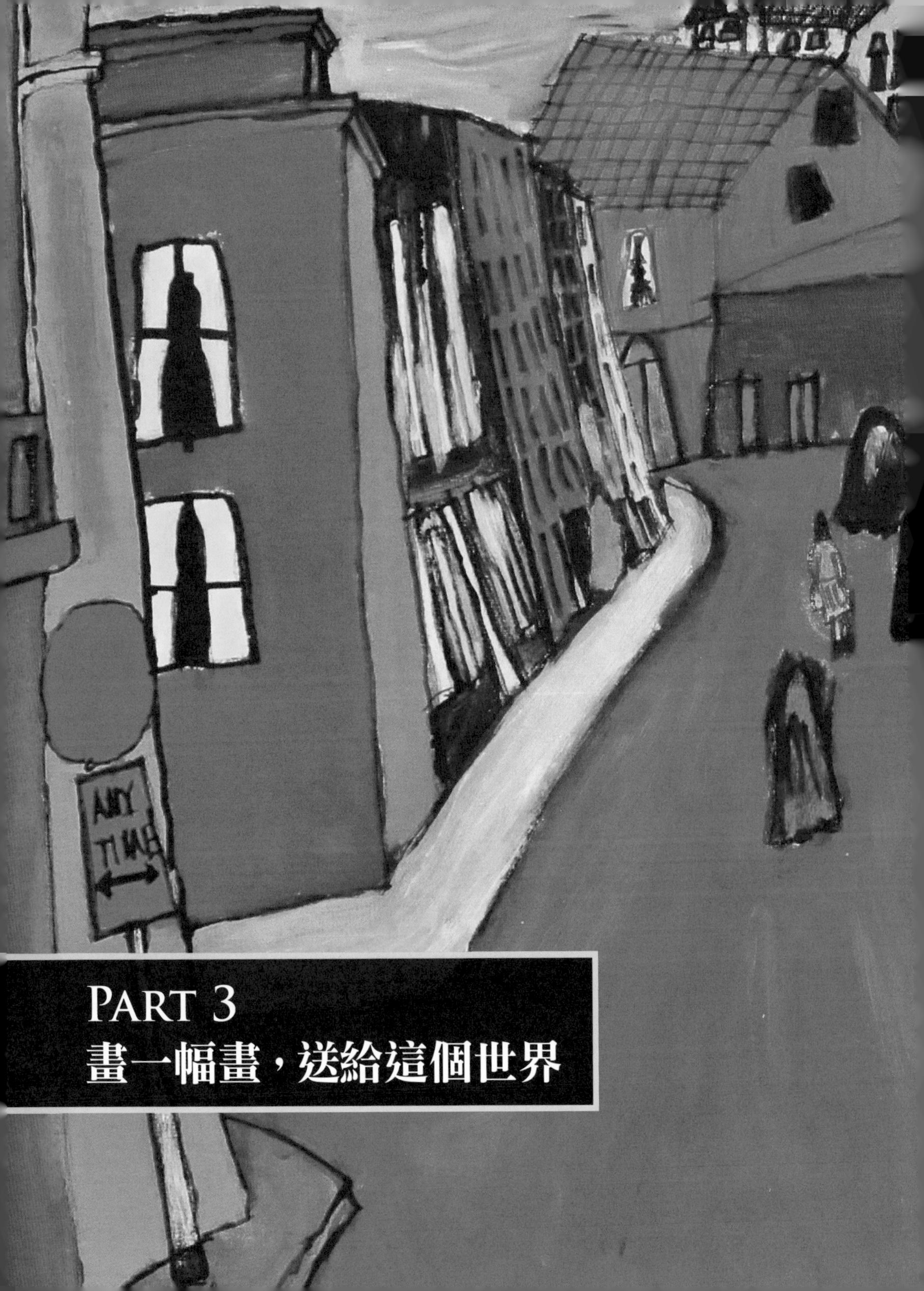

PART 3
畫一幅畫，送給這個世界

畫畫，與我對話

如果這世上有一個人，他的存在有助於我了解柏毅和他的畫，我想那就是神經科醫生奧利佛．薩克斯，他寫了一個故事，叫作〈自閉畫家的心路歷程〉，收錄在《錯把太太當帽子的人》這本書。

〈自閉畫家的心路歷程〉的主角名叫荷西，是薩克斯的病人，他擁有照相機一般的驚人記憶力。那麼他們的畫作「只是複製」，或者在複製之外還有創作呢？薩克斯想了解這一點，便請荷西根據一張以獨木舟為中心的風景照片畫一幅畫，結果發現這幅畫遠遠超越了複製品的力量，畫中的一景一物讓人感受到他似乎有著清楚的想像力和創造力，那不只是一艘獨木舟，而是他個人的獨木舟。

不只是想像力和創造力，薩克斯從荷西另外的作品還看到了幽默感，一種童話般的趣味性，更有一些作品加入了新的元素。

荷西是在八歲時的一場高燒後出現自閉症狀，併發癲癇，逐漸失去說話的能力，被判定為不可教育，無法治療，因此沒有上學，八歲以後的十五年足不出戶，受到家人嚴密的監控。但對繪畫、對動物和植物的熱愛則保留了下來，畫，是他唯一表達自己、與世界聯繫的方式。

自閉症者的天性很少受外界影響，他們「注定」是要與世隔絕，也因此他們的視野，如果能被外界所見，來自內在，呈現原始的面貌。這也是自閉症不同於精神分裂症，後者的抱怨，都是來自於外界的「影響」，前者接受不到影響，完全的與世隔離。雖然失去了與其他人、與社會、與文化的「水平」關係，仍然擁有重要而密切的「垂直」關係，就是與自然、與真實之間直接的關係。

我可以這樣理解柏毅嗎？我不知道答案。但我確信，雖然說他的心靈像一個封閉的容器，卻不是全然真空的，當我把不同的東西丟進去，他的心將與外界的東西發生微妙的化學反應。

是什麼樣的反應呢？

柏毅選擇用他的畫來告訴我。

回想起來，柏毅從很久很久以前，就用他的畫，跟我吐露了很多秘密。

所有的花都微笑了

兩歲時，柏毅就畫出了有笑臉的花，有如村上隆的花系列。

柏毅出生在花開滿園的深春五月，我們住在一個遍地是花的社區，向日葵、櫻花、玫瑰、西洋水仙……恣意綻放的花朵，應該是他所接收到的最強烈的視覺印象。

沒有人指導，沒有人暗示，他一開始拿起畫筆，就是畫花，而且是有笑臉的花。是那些花看起來在笑，還是柏毅真的「看見」花在對他微笑，我不知道，總之他日復一日、日復一日的畫，畫到讓我幾乎要抓狂，所有畫作加起來大概有一本一千頁書那麼厚吧！

笑臉花系列看起來千篇一律，但仔細比對，還是會發現細微的差異，譬如顏色、數量或者大小，花也不是單獨出現，有時和太陽，有時和鳥，有時和校車一起。

有一張畫，他畫校車與花，花很大，校車很小，很像用微距鏡頭近拍花朵，而遠景是校車。不同於相機的是，照片因為景深淺，背景會糊散成一片，但在柏毅眼中，一景一物，無論遠近，都是那麼清楚地存在。

他很喜歡校車。有一段時間，我訓練他坐校車上學，一開始我陪他一起坐，接下來我送他上校車後，開車跟在後面，我跟他說你先到學校，媽媽等一下下車就會看到你。前提是必須讓他知道媽媽在哪裡，幾時會去帶他，讓他安心，這樣才能把他的手一點一點地放開。

我知道，有時候我必須學習放開他的手。

坐上校車，揮手和我道再見，他的眼睛會一路追逐街道旁的花，於是那段時期校車與花不斷在他的畫中重現。

笑臉花的系列還有後續故事，那是很久很久以後，有一天我帶他去看日本藝術家村上隆的展覽，展出的作品剛好就是有笑臉的花。柏毅看著看著，臉上浮現一種困惑的神情，想不通的問號在他頭上飛來飛去。

那意思我懂，他是在想，這個人畫的為什麼和我一樣？他學我嗎？為什麼我的畫跑到這裡？

走過漫漫長路的「腳丫」

當笑臉的花系列告一段落，腳丫登場了。

兩、三歲時，柏毅就開始畫腳丫，自此而後，腳丫不斷出現在柏毅的畫中，二十多年來皆如此。出現在他畫中的人物很多都赤裸著腳，露出大腳丫，他甚至畫過一幅畫，主題就是腳丫，畫中什麼都沒有，就只有大大小小的腳丫、腳丫、腳丫。

他為什麼那麼注意腳丫？

柏毅從小走路不穩，跌跌撞撞，我一直不明白原因，他還討厭穿鞋子，彷彿那雙鞋子束縛著他的腳，讓他不自由。上小學後，我才知道他天生扁平足，扁平足的人不能走太長的路，否則會痛，所以學校裡跑跑跳跳的運動課程，可能讓他的兩隻腳丫不舒服，一不舒服，他就把鞋子脫掉，光著腳丫跑來跑去。

於是那雙腳丫經常以疼痛提醒主人他的存在，他的主人便以畫代話，「我知道你在痛」、「我看到你了」，也許這就是柏毅和腳丫之間的對話。

我注意他畫的腳丫，平平的，直直的，一直到後來才有了一點弧度，這樣的

轉變，是否意味著他和腳丫的關係改變了？

後來，他開始畫麋鹿人，畫中像麋鹿又像人的生物，也長出了柏穀那樣的腳丫。

關於那幅腳丫圖，我問過柏穀：「為什麼畫那麼多腳丫呢？」當然他沒辦法解釋太多，「柏穀走很多路。」他這樣回答，意思是腳丫帶著他走路，沒有腳丫，他就走不了那麼多的路。

是呀，他一直在走路，我也一直在走路，我們會一直往前走，就算前方的路崎嶇不平，遍地荊棘，就算腳丫疼痛，也會忍耐，繼續走下去。

一鳴驚人的〈吶喊〉

柏毅一鳴驚人，被鑑定為美術資優，都要感謝畢卡索阿公。

「畢卡索大展」來到ＬＡ時正是柏毅七歲那年。到底要不要去看，我猶豫很久，一張門票要價三十美元，其實不便宜，柏毅當然沒有錢的觀念，但我也不能太任性。

但是這是千載難逢的機會呀，最後我還是說服自己，咬牙買票進場，展場人潮洶湧，雖然沒有人大聲說話，但我們還是被四面八方的交談聲包圍，柏毅一進去就皺起眉頭，一張臉變成苦瓜，我只好配合他的速度，匆匆巡過一圈就回家了。

回家後沒多久，他就畫出這幅〈The scream〉，這是他自己下的標題。

畫中的人穿著西裝，這應該來自他從小都穿西裝上教堂做禮拜，穿西裝的人佔據整個畫面，他張大嘴巴叫喊，整張臉因為聲嘶力竭而脹紅。

自畫像被認為是通往創作者內心世界的一條路，畢卡索可能是現代藝術家中創作自畫像最多的人，他把自己想像成各種角色，花花公子、戀人、藝術家、朋友、猴子……

柏毅這幅畫引起評論家的高度興趣，每個人都不敢相信這是一個七歲小孩的畫，每個人都在分析畫出這幅畫的七歲小孩，到底要透過畫表達什麼？他內心是不是藏著一口深不見底的井？井裡埋著多少我們無法窺見的情緒？

柏毅的畫在說什麼？

那時候他其實還不太會說話，只聽得懂簡單的指令，當我對他說「我們去吃飯」，他可以了解；但如果我說「我們待會兒到明星去吃飯」，因為包含的訊息太多，他會陷入混亂。

然而，自閉症通常是不會寫在臉上的，因為他長得很「正常」，所以大多數人就像對待正常孩子一樣跟他說話，等他回應。我猜這使得柏毅很挫折，備感壓力，這種情況下他就會尖叫，用天寶的說法：用尖叫逃離情境。

這個世界逼迫他們以各種方法逃遁。

我又猜，他也許是在想，我不會像你們這樣流暢表達，也聽不太懂，請你們跟我講話時要有耐性，請你們用我可以懂的方式對我說話。

所以畫中那個穿西裝的人就是他自己。

也有很多人指出這張畫的意境和孟克的〈吶喊〉很相似。挪威表現主義大師孟克一生中最重要的作品是一組吟誦生命、愛情與死亡的系列畫，其中以〈吶喊〉

最具代表性，畫中一具骷髏般的人形，他站在一座長橋上，眼睛圓睜睜，兩手托頰，又像是在捂著耳朵尖叫，背景的天空流動著不祥的雲朵，詭異的氛圍，抑鬱的顏色，整幅圖看起來像天旋地轉，論者公認〈吶喊〉具體而微表現出現代人的焦慮感，但也有人認為這很能代表自閉症者的心境。

我確定，畫這幅畫之前，柏毅沒有看過〈吶喊〉。

柏毅這幅畫並不若以往「漂亮」，但他畫中有話，這就是他想要告訴這個世界的話。面對周遭嘈雜的聲音，他其實是焦慮無助的，他很想跟大家對話，但卻沒有辦法。畫中人的手臂朝外阻擋，好像是在說：Stop，我了解你們在跟我說什麼，但可以聽聽我，別再說了嗎？

柏毅無從解釋他的畫，其實也不需要特別解釋，他用〈吶喊〉證明了一件事，他的思想，遠遠超過他所能表達的。這也是詩人羅智成在看過柏毅的畫之後說：「他的畫需要翻譯。」

「翻譯」不同於「分析」，前者試圖逼近畫者內在的想法，後者則是放在藝術史的架構上，比較學術性的。不過有時候，收起複雜的思想，就只是單純地看，直覺地欣賞，也是一種學習，一種享受。

這幅〈吶喊〉是柏毅第一次用畫表達他心中的困境，也讓大家第一次注意到他。

第一場畫展

十三歲，柏毅第一次開畫展，地點在聖塔摩尼卡的 BGH GALLERY，這是一個金字塔頂端的藝術中心，場租費用一個月要價一萬美金，只有被認可為一流藝術家才有機會到這裡展畫，在這裡開過畫展，就等於拿到了藝術界的入門證。加州自閉症基金會為柏毅爭取在此辦展，對我來說，這代表他的畫獲得大家的肯定。

在這一次畫展，柏毅賣出了二十多幅畫，我們把一部分款項捐給加州自閉症基金會。

也就是說，柏毅有了賺錢的能力，只是他毫無所覺。

第二次畫展，他的畫就調整為一幅一萬美金，這當然是經過專家評估，不是我自己隨意定的價錢。

柏毅的「畫展人生」於焉展開。十四歲那年，他第一次回台灣開「從不可能到可能」個展，地點在具有歷史意義的大稻埕美術館，展出四十多幅作品，其中一幅畫了兩仙布袋戲偶的「門神」還被李登輝主持的群策會收藏。

二十多年來，從美國到台灣，從台灣到法國，到威尼斯，到維也納，到中國大陸……馬不停蹄，從未歇息，他為自閉症學會募款，為教會募款，為許多的公益活動募款，他是二〇一一年「第54屆威尼斯雙年展」的《未來通行證從亞洲到全球》，百分之百以藝術家身分而非自閉症患者出席。而在上海和北京的資優天才研討會中，他被中外媒體包圍，要求拍照，要求他談談自己的畫作，那場面太大太混亂，我頓時緊張起來，還好有師大特教系郭靜姿教授及台大精神科高淑芬醫師在場，緩和了我的情緒。

出席大大小小場合，我總是比柏毅還緊張，然而對柏毅來說，這卻是再自然不過的事：畫畫，畫畫，繼續畫畫。畫畫是他認識這個世界的方式，同時也是他回應這個世界的方式。

也是因為柏毅，二〇一四年三月，世界自閉症大會選擇在台灣召開，紐約、洛杉磯的醫學研究教授們自費來台北共襄盛舉。柏毅宛如「自閉症大使」，串連起世界各地每一個關注自閉症的醫師和學者，期許這個世界能夠對這些孩子更友善，對這些孩子的父母多一些支持！

麋鹿，好久不見！

我清楚記得他們的「相遇」，柏毅是親眼看見麋鹿的。

那一次，我們全家到加拿大班夫國家公園露營，露意絲湖、城堡、硫磺山，每一個角落都美到讓人感覺不可思議，不似在人間。

柏毅總是起得早，一早醒來，他走出營帳，第一眼就看見幾隻麋鹿在他面前悠悠緩緩地散步，這和在動物園隔著一道渠溝或柵欄看長頸鹿完全不一樣。每一個孩子都愛動物園，柏毅不但愛，甚至比一般孩子更加地愛。

野地裡的麋鹿，他看得入迷了，一直尾隨在後的我擔心這個身高只和麋鹿的腳一般高的小小孩被鹿角一頂頂到天邊，快步走到他面前想要一把抱起來。他竟然拒絕了，一動不動地癡癡看著麋鹿，面帶微笑。如果有儀器能夠探測，我想他和麋鹿之間一定有一股電流來回衝撞。

那次旅行還沒結束，麋鹿就闖進柏毅的畫裡了。

從此柏毅很瘋狂地進入了「麋鹿時期」，很長一段時間，麋鹿固定出現在柏

LOVE

毅的畫中，彷彿他眼睛所見的任何東西都是麋鹿，所有的人都長了麋鹿的角，有一種耐人尋味的幽默，以及無限延伸的想像。或者說，當時的柏毅不知如何就決定了用麋鹿的視角看待這個世界，他似乎扮演了麋鹿的角色，就像萬聖節他打扮成胡迪牛仔一樣。天下之大，盡是麋鹿。

這也是他特質的呈現。「正常」的藝術家會思考「麋鹿」的隱喻，會費心琢磨一幅畫到底適不適合以麋鹿來表現，偶爾可能會有一絲絲市場的考量掠過，於是猶豫不決，幾番推敲，精心計算，今天的我推翻昨天的自己。而柏毅，他心底的那個聲音覆蓋過一切。

接下來又有很長一段時間，隨著生活經驗的增加，各種能力不斷地進步，加上熱中於騎馬和游泳，柏毅筆下的麋鹿消失不見了。直到後來，他與麋鹿在台灣重逢。

回到台灣後，有一天，林正盛導演為了拍《一閃一閃亮晶晶》帶柏毅到陽明山，拜訪雕刻家王秀杞，沒想到王老師的工作室裡竟掛著麋鹿頭標本。柏毅眼睛一亮，微笑起來，直直走過去，「好久不見。」我聽見他這麼對麋鹿說。

可能麋鹿也回應了他，柏毅對牠唱歌、說話，兩個人就像久別重逢的老友。

與麋鹿重逢肯定是柏毅生命中的大事，於是，麋鹿又不斷出現在他畫中了。

然而麋鹿顯然也跟著他成長，能玩的花樣更多了，麋鹿騎單車，麋鹿抱著米老鼠，麋鹿駕駛南瓜馬車，麋鹿騎在馬上變成了牧牛人，麋鹿們在跳舞，麋鹿長了兩撇鬍子，麋鹿打起領帶參加喜宴。麋鹿被釘在十字架上，他親愛的耶穌，頭上也長出了麋鹿的角。若看得再仔細一點，會發現麋鹿的角也不一樣了，在美國時他畫的麋鹿角是圓的，回到台灣後則變成方形的角。

二〇〇九年六月，我們完成了《一閃一閃亮晶晶》的拍攝工作，然後到法國展覽和旅行，旅館房間看得見巴黎鐵塔，我們在街上隨意遊走，看人、看表演，也參訪了羅浮宮。柏毅除了開始大畫特畫巴黎鐵塔外，不知為何麋鹿也大爆發，在街上看到的印度打坐人，是麋鹿；穿西裝的法國警察，是麋鹿；他「模仿」的羅丹的沉思者，那顆頭也變成麋鹿。

其實柏毅的腦袋裡沒有「模仿」或「複製」的概念。他只是大量地看，大量地吸收，也大量地把看見的東西挪移到畫中，只要進入他的畫中，所有看見的東西都變成了他的創作，他獨特的語彙，他繪畫的符號。

〈麋鹿演奏會〉是加拿大一所音樂學校 MOZART 下的訂單，校長 Olga Lockwood 很欣賞柏毅的畫，希望他能為學校畫一幅代表性的畫，至於內容完全不設限，畫什麼都可以，結果柏毅就從 MOZART 這六個英文字母出發，讓麋鹿在每一個字母上演奏樂器。

那以後他繼續以字體做畫，畫出了〈LOVE〉，接著又衍生出聖經文字畫系列、唐詩系列。

Leland Lee 09.
ASTORIA
09.
Leland Lee

他的每一幅畫都可以用生活經驗和時間的軸線來說明。

二〇一一年，在台北的非畫廊，柏毅舉辦了「麋鹿之旅」個展。「麋鹿」是在他至今二十多年的繪畫生涯中，一個最鮮明的主題，一段反覆出現的旋律，也是他最溫暖的朋友，最瘋狂的想像。

他內心住著一頭麋鹿，就像天寶·葛蘭汀可以了解她的牛，我相信柏毅也可以了解他的麋鹿。

把他的人生畫進畫裡

我經常被問到柏毅到底畫過多少幅畫，而我總是無法回答。太多了，我們每天有多少念頭閃過，他就有多少幅畫。

有人用文字寫日記，有人用照片寫日記，有人每天每小時把心情的陰晴圓缺po在臉書，柏毅則是用畫。他的畫，就是文字、聲音、味道，就是感情，是個人生活的紀錄和情緒的出口。據說畢卡索說過，他要盡最大努力把自己的人生畫進畫裡，以留給後世一份盡可能完整的紀錄。

在我看來，柏毅也一樣，他盡最大的努力把自己的人生畫進畫裡，但和畢卡索不同的是，驅使柏毅的動力來自內建的基因，而畢卡索除了受到內在驅使，還有對實驗創新永不止息的渴求，他知道自己在翻攪藝術史，知道自己站在藝術的浪尖上。

而我能做的，就是做一個內容的提供者，盡最大努力帶給柏毅不同的生活體會和視覺經驗。除了旅行之外，我們到北藝大、台藝大和師大特教中心上課，去音樂會及國家劇院，去陽明山二子坪賞花觀葉看天空，去萬里飛滑翔翼，去平溪放天燈，去坪林逛茶園，在三峽與老井和梯田不期而遇，在宜蘭跟著黃春明老師做稻草人，在路邊吃辦桌大快朵頤……我們也受到很多好友的幫助，麗嬰房董事長林泰生及林藍采如夫妻，總是很熱情地帶著柏毅體驗各式各樣的台灣文化，這些一點一滴都成為柏毅畫裡的養分。

每一天，我都放一點新的東西到他生命的容器裡，有點像農夫播種，把種子從四面八方撒下，即使我從來不知道它們會長出什麼。

每一次他被一樣東西吸引，就會瘋狂的畫，一直畫到膩，畫到被「新歡」取代：巴黎的路燈、克里姆林宮、平溪天燈、土星，一〇一大樓……其中有些會持續下來，每間隔一段時間就會出現，如同伏流，像街景、牛仔、馬、麋鹿、腳丫、明星、Any time，還有他的愛狗太妃。九一一事件，也出現在他的畫中一段時間。

一直畫不累嗎？畫畫對柏毅來說從來就不是工作。

對我們「正常」的人來說，洗去一天疲累最好的方式，也許是泡個熱水澡，找人按摩，坐下來喝杯茶或咖啡。但對柏毅來說，就是去畫畫，畫畫等於放鬆和休息，在台灣是，出外旅行也一樣。只要回到家，回到旅館，他就開始畫。作家、畫家都說寫作要有靈感才寫得出來、畫得出來，但柏毅似乎從來沒有畫不出來的時候，那種源源不絕的強大能量總是讓我忍不住顫慄。

他的畫，某種程度就等於他的人生故事。

雙連教會
ANY TIME
CHANG HAU CLUB

他的繪畫宇宙

高淑芬醫生曾經建議我「一定要在柏毅的畫上標註日期」，確實，如果你每天和他一起生活，再看他每天所畫的東西，會發現多數的畫就是把當天的所見所聞以自己的方式「轉印」到畫紙。

譬如〈婚宴圖〉，就是來自我們在聖地牙哥參加朋友婚禮時的情景。那天的婚宴場所繽紛絢麗，婚禮歌手歌聲縈繞，賓客不斷舉杯祝福，窗外則有山有水好風景。

柏毅回來後，就畫出了他對婚禮的印象，杯子、酒瓶、人和景，我記得他穿藍色衣服，歌手穿卡其色，但到了畫中，單一的顏色都變成了斑斕的色塊，仔細看，還可以看到衣服上的縐摺。

沒有人知道他如何決定用色，為什麼出現那樣的塊面結構。記得有一次，醫生還建議我要帶他去檢查眼睛，確定有沒有亂視。檢查結果，正常。

其實他也有黑白作品。有一回出國，臨時沒有顏料，只有黑筆，大概是沒魚蝦也好吧，他便用黑筆作畫，黑白系列從此開啟。

有一段時間，他的畫裡出現了神秘的「X」，一個未知數，好似故意埋下伏筆，一個故意給看畫者猜測的謎語，丹布朗的小說不都是從一幅畫去追索出一樁驚天動地的陰謀？但柏毅其實沒有那種本事，那是我們在荷蘭看過風車後，他對遠處風車留下的印象，遠遠望去的風車群，對柏毅來說就像一個個大寫的X，還有巴黎鐵塔也是一堆X組合而成。

也就是說，他可以化簡為繁，可以化繁為簡，可以把流動的時間，凝結成一片片的風景，再讓這些風景在同一個時間同時呈現。

有一幅畫，他畫我們在美國的狗太妃，太妃只有一隻，已經上了天堂，但他的畫中有五隻太妃，每一個太妃都做出不同的動作，蹲下來，咬東西，搖尾巴，呈現記憶中太妃的各種姿態。

還有一幅畫，他把自己玩過的所有的球類運動都畫在一起了。曲棍球、棒球、高爾夫球、籃球、網球，這是球的大團圓。

有時候他會把畫畫在一幅舊畫上，想必是對原來的畫不滿意，感覺不對勁，或者從舊畫中看出了什麼弦外之音，總之我出個門回來，原來的幾張畫就消失不見了。比較尷尬的是，有一次美國大使夫人指名要看一幅白宮禮車的畫，那是她送柏毅的禮物，她也知道柏毅將之入畫，而我必須費力解釋說，對，它還在這裡，只是被另一幅畫蓋上去了，柏毅加上了聖經的主禱文。

更猛的一次，我們去拜訪UCLA教授，柏毅看見教授收藏一幅他的舊作，二話不說，就衝過去，當場改掉原來的顏色。

「為什麼要這樣？」我問他。

「我就是想要。」他這樣回答。

「為什麼要用這個顏色？」我又問。

「就是這個顏色。」他回答。

一般人在空白的紙上作畫，對柏毅來說，也許他不只是想在空白的畫布上畫，一幅舊畫的線條和底色，不是不能更動的完成品，而是另一塊畫布。他腦中翻騰的的意象，遠比他所能說的多，多了許多。

所以他無所不畫，從彩色到黑白，從平面到立體，但沒有人可以控制他創作的內容。柏毅畫畫的時候，我遠遠看著戴著耳機的他，專注，大膽，面帶微笑，那是一個他可以操控的宇宙，他彷彿已經看到作品完成的樣子，只是照著畫出來。

我相信柏毅心裡有一個系統，它與生活的刺激發生碰撞之後，會不斷地分枝，分化出來，像一條路岔向另一條路，沒有盡頭。

ANYTIME

你最喜歡誰的畫？

「你最喜歡誰的畫？」我問過柏毅。

七歲至今，他看過古今中外大大小小數都數不清的畫展與畫冊，從古典到現代藝術，再到前衛的裝置藝術，壓克力、油畫、雕塑、陶藝、玻璃、金銀銅鐵木頭，各種媒材無所不包。林布蘭、喬托、塞尚、梵谷、高更、畢卡索、布拉克、米羅、馬諦斯、莫內、莫迪尼亞克、克林姆、達利……只要看一眼，他就可以告訴你是哪一位大師的作品。

我知道他喜歡梵谷，為此我們還特別到普羅旺斯旅行，親身體驗中世紀的廢墟，呼吸梵谷所呼吸過的空氣。

我很好奇，在看過那麼多偉大藝術家的作品後，哪一個最能在他的心中留下印象。

沒想到他想都不用想就回答我：「最喜歡柏毅的。」

有人說藝術家都是自戀狂，都以為宇宙以自己為中心在運轉，以為所有人都用崇拜的眼光看著自己。
我忍不住微笑。
所以，柏毅這算是自戀嗎？

Any time，無時無刻

我一直在回想「Any time」到底為什麼出現在柏毅的畫中，有沒有一個傳奇一點的開頭？

後來得到的答案其實很日常，再平凡不過。應該是我在美國時，常開車載柏毅，到達目的地後，我會先暫停，抱著他下車，左右看看此處可否停車。有時候看到「no parking」，我會搖搖頭，大聲唸出來，順便教柏毅認識這兩個單字，同時告訴他我們的車不能停在這裡；有時候我們看到的是一個圓圈的號誌牌寫著「Any time」，我就告訴柏毅，嘿，你看看這個牌子，這裡每一分每一秒都不可以停車噢。

我發現我很喜歡這兩個字。

Any time，我總是這樣和柏毅說話，不管他聽得懂或不懂。Any time，我總是像個現場播報員，把看到的、聽到的，一一轉換成簡單的語言，說給他聽。小時候的柏毅總是沒有回應，我從來沒有這麼能夠體會所謂的「對牛彈琴」。但我就是有種「只問耕耘不問收穫」的傻勁，所以還是繼續說。我相信透過我不斷地說，重複

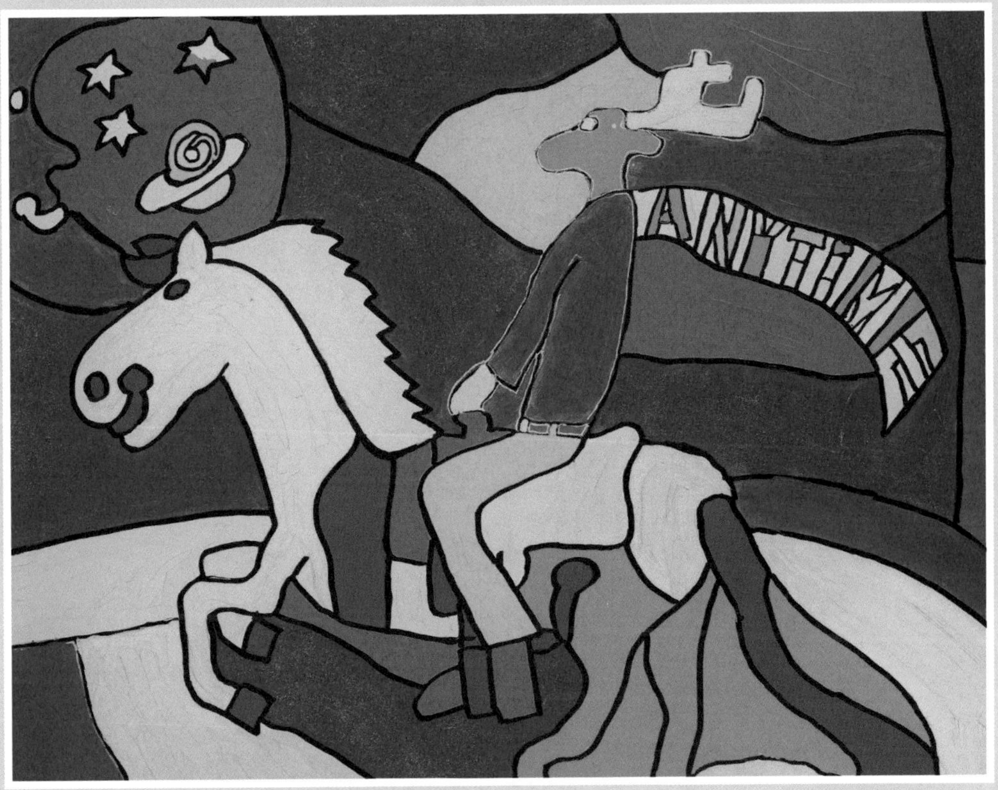
ANYTIME

地教，他或多或少都會吸收一點點什麼，只要一點點就夠了，我絕對不因為他是重度自閉症而放棄努力。

我相信他有潛力，Any time。

因此我愛上了這兩個字，它頻繁地出現在我們的對話。我告訴柏毅，「Any time you can pray」，我也對柏雄說，「Any time you can pray」，媽媽不在你身邊，任何時候我們都可以禱告，任何時候我們都必須努力，任何時候我們都要朝向光亮，背對黑暗。

Any time，無時無刻，我都愛著他們，為他們禱告。

無時無刻，都要心存感謝。

所以「Any time」就自然而然地進入柏毅的畫，像空氣，像呼吸，它不會大剌剌成為主題，喧賓奪主；它藏在畫的某個角落，讓看畫的人帶著尋索的樂趣，與其說是畫的一部分，不如說那是柏毅的簽名。

「Any time，我都在畫畫。」他似乎在說。

「Any time，我都有話要說。」他似乎在說。

Any time，在他眼中，最尋常、最平凡的街頭人物、世間風景，都是值得細細欣賞的藝術。

現在，它進入各大展覽場，成為美好風景的一部分。

如果柏毅能夠精確地表達，我想他會這樣回答我：

「藝術？我不是為了藝術而藝術，我也不知道什麼是藝術，我只是把我喜歡的東西，留在每一幅畫上。」

華麗的明星咖啡廳

柏毅十七歲時，我帶著他從美國回到台灣，柏毅第一個認識的地標當然是「Astoria」，我們的明星咖啡。只要在台灣，我和他每一天都會到明星上班。在這裡，他學會了摺紙盒，摺得又快又好，無人能比；他也在明星上會話課，上吉他課，明星三樓的牆面則掛滿了他的畫。

明星就是另一個家，所以明星入畫，再自然不過，但是當我看到他畫其中一張明星，亮黃的牆面搭配粉紅色的大門，禁不住讚歎，除了大自然，再大膽的設計師也不敢如此用色。

原來他眼中的明星是這樣的燦爛華麗。

所以有朋友說，柏毅的畫有看一眼就不會忘記的魅力，我想道理就在這裡吧！

第二個認識的是不管走到哪裡都看得到的一〇一大樓，柏毅一下就被節節高升的高樓吸引，不斷地從各種角度畫它。有一年的跨年夜，我們還到象山遠眺在一

明星西點麵包廠
CAFE
ASTORIA
CONFECTIONARY

〇一施放的煙火，那樣的經驗也很難不被他收進畫中。

在一系列的一〇一畫作中，有一幅最為特別。他以白色線條在黑底上畫了一個老外阿公坐在椅子上讀書，背景是一〇一，顯然一〇一和看書是連結在一起的。還有一幅是〈一〇一與牛〉，畫面上的牛很大一隻，一〇一則很小，會如此呈現，是因為有一次我們在一〇一附近的山上看到牛，幾乎面對面的那麼近，柏毅看看近在眼前伸手可及的牛，又抬頭看了看遠處摸不著的一〇一，這就是他眼中所見的「一〇一與牛」。

★獨一無二的〈海豚與蝶〉

我常笑稱〈海豚與蝶〉是我家的觀光景點，它佔滿了一大面牆，只要有人到我家來作客，很難不把眼睛放在這幅畫上，然後呢，一定有點不好意思地提出要求，要與這幅畫以及畫家合照。

這也是我一直不捨得割愛的原因，雖然很多美術館想要收藏它，甚至還有收藏家下單，請柏毅再畫一幅一模一樣的。但他怎麼可能再畫出一幅一模一樣的〈海豚與蝶〉？

對畫家來說，時間和心境每分每秒都在變化，所以每一幅畫都是可遇不可求的唯一。有些「唯一」比其他的「唯一」更珍貴，只因為這個「唯一」堆疊著許多記憶，包含了豐富的故事和說不出口的情感。

〈海豚與蝶〉就是。

從小，我就常帶柏毅到離家車程大約二十分鐘的海邊，我們總是一直等，等著海豚躍出海面那一刻，還有海鷗吃晚餐的秀，成群的海鷗合作性地捕魚，大、小

Leland Lee 2013

鳥都有得吃，那景象太完美了，不管看多少次都不會厭倦。

成為游泳高手後，柏毅更喜歡海了，一邊看夕陽染紅大海，一邊等海豚躍出海面，我們的記憶抽屜裡有太多這樣的畫面定格。

回台灣定居後，我們每年還是會返回美國的家，順便到一所蓋在海邊的羅馬式建築美術館 Getty Museum 看畫，接著到鄰近的餐廳用餐，我們選了戶外的座位，那樣可以呼吸有鹹味的空氣，把海、天空，以及海邊的一草一木看得更分明，「蝴蝶！」忽然柏毅指著不遠處的一叢花說。

台北舉辦花博期間，整個展場都成了柏毅的樂園，他仔仔細細地研究每一種花，追蹤蝴蝶的飛行軌跡，我想花和蝴蝶們一定都在對他微笑。

花在風中搖擺，蝴蝶翩翩飛舞，柏毅一定是把他在台北花博看到的花與蝴蝶以及在ＬＡ海邊的花與蝴蝶，儲存到腦中的同一個檔案夾了。

遠處的海豚和不遠處的花，加上花博的印象，就水乳交融成了〈海豚與蝶〉，它的震撼之處在於大，不只是畫的尺寸，也包括了在現實中只有海豚千分之一萬分之一大的蝴蝶，到了柏毅的畫中，牠們成為一對一般大小的好朋友，這是多麼驚奇，以及具有顛覆性的想像力啊！

對柏毅的豐富想像力，我經常只能目瞪口呆，但繼而一想，他的想像力其實根源於現實，我們習以為常的現實，我們所忽略的細節，我們看不見的邊邊角角，他將這些調和在一起，加了糖，摻進香料，賦予顏色，我們稱之為「畫」，稱之為藝術。

PART 4
我那些柏毅教我的事

★一起成長

我曾經在網路上讀到一個故事。

「怎麼處理在捷運內尖叫等不當舉動的孩子？如何面對厭惡的神情或受到驚嚇的眼光？」一個自閉兒的媽媽在社群網站上問。

有個媽媽這樣回答：「從隱忍到喝止，到現在全然的接受，我必須說真的是很難熬的一條路，但，我不接受他，又怎樣讓其他家人或是外人接受或認同？」

自閉症孩子有異常舉動是無法掩飾的事實，過動、尖叫或自殘，隨著成長，動作跟力氣變大，外人異樣關注的眼光也越來越多。

一開始媽媽總是隱忍、制止，或是慚愧得不敢抬頭面對大眾那種「妳是怎麼教小孩的」的質疑目光。

這位媽媽意識到必須改變，所以當孩子在外面忍不住放聲尖叫，她會先比一個小聲的動作，然後稍稍用力地環抱住他，看著他大聲地稱讚：「你好棒！有忍耐這麼久，加油，快到家了！我們再忍耐一下下，你真的好棒，馬上就到了，媽媽給你加油，我們可以的！」

「我沒有辦法去制止外人無理的眼光，但我可以無視他對我的傷害，因為我知道孩子不是故意的，所以，我現在直接認同他的動作，也明白告訴大家孩子的不同。」

當媽媽的態度改變，事情也跟著改變了。自從不在捷運上責罵，無視於旁人眼光，寵膩地鼓勵孩子後，她開始感受到旁人更多的支持跟認同，甚至會主動跟孩子打招呼，還有人刻意靠近她，只為了跟她講一句：「媽媽，加油！」

媽媽必須和孩子一起成長，而成長的定義之一，就是改變，就是進步。從前無法理解的，現在理解了；從前不能接受的，現在接受了；從前以為是壞的，現在看出壞中的好；從前我無憂無慮，現在是一個既強悍又溫柔的母親。

那就是柏毅教會我的第一件事，我必須改變我自己，我的完美主義，和他一起面對自閉症，接受自閉症，告訴全世界自閉症是什麼，以及自閉症可以做什麼。

我在柏毅的畫展上常聽到人們私下冷言冷語，「這是一個自閉症的畫，為什麼可以賣這麼多錢？」「他是明星的第三代，家裡出錢培養出來的。」當這些話鑽進我的耳朵，我告訴自己，不可以怯懦退縮，不可以受傷哭泣。

我還是微笑著，吞下深不可測的苦。

柏毅讓我看見的人與人之間的巨大差異，不平等的立足點，如果不能學會理解、包容，尊重別人的不一樣，這終將是個冰冷而殘酷的世界。

我知道，在人生的路上，柏毅會陪著我一起成長。

漫長的路上，有你陪著我成長。

★大家都說我瘋了

也許，這一切可以從我決定帶著柏毅從美國回到台灣說起。

「妳瘋了。」他們說。

當我決定帶十七歲的柏毅回台灣定居，每一個人都說我瘋了！拋夫棄子（柏雄）是一回事，最令眾人髮指的，是我竟然要讓一個在美國出生、在美國受教育、不會說中文的自閉症孩子，把他連根拔起，「種」到一片新的土壤裡。

他們說，自閉症的孩子需要待在他熟悉的地方，過著穩定的生活，小小的變動都會令他們抓狂，無法適應，更何況換到另一個語言不通的國家住？妳不怕害了柏毅嗎？妳有想清楚嗎？他們問。

我怎麼可能不知道?!

但我聽見我內心的聲音，我要回台灣來陪伴父母，我不忍心他們無依無靠的老去，沒有子女在身邊。那一年，明星發生火災，我更不忍心父母獨自面對這突如其來的災難。

那個「回家」的聲音大過一切，我禱告，相信上帝會應允我的冒險。

所以我不顧所有人的反對，帶著柏毅回來了。陪伴病弱的父母，生病的哥哥，還接手明星，並與建築公司的都更計畫打了一場硬戰，繼續守護明星，支撐我戰鬥下去的動力，是不能讓明星的傳奇消失於都更之中。

台灣自閉兒的父母知道我回到台灣，紛紛前來明星探詢柏毅的「成功」故事，以及我教養柏毅的經驗，有一度明星成了自閉兒諮商中心。台灣的自閉兒父母普遍認命，不認為孩子將來可以「走出去」，抱著養他們一輩子的絕望心情，心態上傾向「家醜不可外揚」。柏毅的出現，一時之間就成為自閉兒希望的化身。

台灣父母最常問我的是：「柏毅為什麼都笑咪咪的，那麼快樂？」

柏毅當然不會都是笑咪咪，他也有心情狂亂的時候，也許他只是比別的自閉症孩子多笑一點，為什麼？因為我努力為他安排生活，讓他清楚每一天的「功課表」，讓他總是有事情可以做。

還有一個問題則大大出乎我的意料，他們問的是：「為什麼妳能保持優雅？」可以想見自閉兒父母自我設定的形象，邋遢、狼狽如棄犬。

我的外表也許優雅，那是我對自己的期許，我不要柏毅看見一個邋遢慌亂的媽媽，但內在卻像一片焦黑如大火焚燒過的森林。最煎熬的時候，媽媽住院，公公住院，還有長期住在醫院的哥哥，我一天要跑三家醫院，加上維持明星咖啡廳的運作，還要照顧柏毅，那是人生最黑暗孤獨的一段時光。

我的力量，來自每天起床後的禱告。我每天起床的第一件事，就是讀《聖經》，讓神的話語澆灌我。回想起那段日子，未來茫茫，所承受的壓力之大，實在是旁人無法想像。信仰帶給我堅定的力量，也讓我相信自己，可以陪著柏毅度過這最艱難的時期。直到現在的每一天，我還是靠著上帝的愛與恩典度過。

學習的力量

回到台灣的柏毅，從零開始，沒有朋友，沒有一個學校肯收他，沒關係，我們自己教，我為他請了家庭老師，使用《國語日報》的教材，教他注音符號，教他中文會話。說也奇怪，也許是流著台灣人的血液，還是遺傳了阿公的語言細胞，柏毅學得非常順利，打破了醫生說他不可能學會第二種語言的魔咒。

如果沒有過去十幾年的努力和累積，這是不可能發生的奇蹟。

「床前明月光，疑是地上霜，舉頭望明月，低頭思故鄉。」「白日依山盡，黃河入海流，欲窮千里目，更上一層樓。」我看著他開始用中文背唐詩——雖然是洋腔洋調的中文，甚至他還以唐詩入畫，一幅又一幅富有韻味的唐詩系列於焉誕生。

我猜想他把注音符號和中文字當成了畫。

我還看著他彈吉他，從零開始。他也是因為回到台灣才學吉他。那把吉他是一位教會長老游正民醫師送給柏毅的返鄉禮物，為了不辜負贈送者的美意，我們揹著它搭飛機，千里迢迢飛回台灣。

上：柏毅是明星最稱職的小幫手。 下： 自彈自唱的柏毅，傳揚生命的力量。

有了吉他，那麼吉他老師呢？

有一天，明星來了一個年輕人，說要找我，他叫傑瑞。我在美國時，每星期四都開放家門，透過教會，邀請台灣到美國遊學的年輕學生到家裡吃飯兼交流，在音樂學院就讀的傑瑞是其中一個。我問傑瑞他回台灣後在做什麼，「教吉他。」他說。

上帝連吉他老師都幫柏毅預約了。

柏毅成長於音樂的環境，但我根本不知道他有沒有能力學吉他，結果他一學就黏住了，每一次敲上課時間，我都必須和傑瑞商量，要找一個他沒有下一個行程的下午，不然就會發生學生不肯讓老師走，老師卻急著要趕到別的地方上課的窘況。

如果沒有學會一首曲子，柏毅會一直糾纏，不給老師下課，直到他學會，直到老師點頭說好為止。「There is no tomorrow.」沒有明天，今天就要學好，這是柏毅的至理名言。

現在的柏毅能邊彈邊唱一百多首英文、國語和台語歌，母親節那天，他自己作了一首歌送我，簡單的旋律和歌詞，述說著他對媽媽的愛和感謝。有人說自閉症者沒有靈魂，但從柏毅乾淨純稚的歌聲中，我看見一個宛如天使的靈魂，他的身體跟不上他的靈魂。

接著便有教會找他上台唱歌。

有一天他在教會的活動上唱〈奇異恩典〉，台下的人無一不震撼，無一不受感動。我的眼淚止都止不住，淚眼模糊的我望著台上的柏毅，我心想，他的生命是那麼完全，如此圓滿，為什麼人家還是把他看成是破碎的、殘缺的？

這是柏毅教我的第二件事，學習的力量。他像一塊海綿，給他什麼就吸收什麼，所以需要正確的引導和嘗試的機會。

人生是一場不斷學習的旅行，無論資質，無論環境，只要嘗試與學習，只要持續的努力，才能前進，即使無法前進，只要努力了，我們就不會遺憾與後悔。

所以回到台灣來我絕不後悔。

有一天我問柏毅：「你喜歡台灣嗎？」

「喜歡。」他說。

他喜歡明星，喜歡街上的人潮，喜歡台鐵和高鐵，唯一不喜歡的是台灣放眼望去一大片「方方的」房子。

台灣的建築，確實是冰冷的，缺乏了美感，柏毅的直覺絕不會騙人。

★體力好很重要

柏毅教我的第三件事，就是面對這漫漫長長，一場戰鬥接續另一場戰鬥的人生，就得要鍛鍊一副好體力。

他從小的睡眠就很少，天亮即起，白天也從不打瞌睡，像滿格的電池。很小的時候，他曾經和一群朋友騎腳踏車，大家騎到下一個路口就停下來，迴轉，他卻順著路直直地騎下去，騎到隔壁城鎮去了，我們只好開著車去把他追回來。

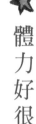

二〇〇九年我們和林正盛導演到巴黎拍攝紀錄片《一閃一閃亮晶晶》，有一幕拉到有三百多個階梯的巴黎聖母院，導演說上去拍吧，柏毅你走前面好了。結果是錯誤的，他一口氣就跑到最頂端，我和工作人員則是一步一喘，遠遠聽到他在上面大喊：「你們在哪裡？」「你們到哪裡去了？」

我們不敢讓他一個人在頂端太久，只好拚了老命的往上爬。

到長城那一次更是噩夢。我們到北京參加亞太資優會議，其中一天下午，朋友開車載我們到長城，那天天氣不好，我們從纜車下來後，走了一段路，遇到一個

一、二、三，跳！

岔口，一邊是繞回去搭纜車的路，另一邊，一直走到底，據說要走七天七夜。

柏毅被長城的壯闊氣勢震撼了，完全沉迷，執意要往七天七夜的那一邊走，我說不行，這樣叔叔會等不到我們。

「沒關係，讓叔叔等啊。」他說，臭著一張臉。

「會等很久噢。」我說。

但這沒有用，他沒有時間觀念，我無法對他解釋「很久」是多久，如果我說要等一小時，他也無法把一小時和「很久」連結在一起。

「今天一定要走完，There is no tomorrow.」他又說。

所以他就往七天七夜的那一頭走，我只好跟在後面苦追。兩人越走越遠，已經走到四下無人處，上上下下、高高低低的路讓我喘到不行，天色亦漸暗，空氣中多了一種陰陰森森的氣息，我只能一直咒罵築萬里長城的秦始皇。

「媽咪，妳怎麼一直喘？」走在很前面的他聽到我的喘息聲，回過頭來問。

「媽咪很喘。」我說。

「沒關係的。」他說，繼續往前走。

一陣大風吹來，我冷得打哆嗦，站都站不穩。

如果不勸阻，他勢必會一直走下去，走到天荒地老。這是柏毅的性格，我只好拿晚上要去看表演這件事來轉移他的注意力，總算讓他回頭。

那天我們來來回回走了十八個關口，一共三個多小時，每一個關口他都要走到最上層，很興奮地用手在空中勾勒，這是他記憶的方式。

我的鞋子走壞了，第二天鐵腿。

陪伴柏毅，從心到身，我都必須接受嚴厲的磨鍊。不過這也許不是他教會我，而是陪在他身邊，不得不學會的一件事。

柏毅教我的事情之中，最珍貴的一課，就是純真——那種無塵無灰，長在心裡的純真。

薩克斯說，人的神經系統發育是很奇妙的，我們從小被世俗、傳統、環境薰染，強迫或主動接受各種教育、訓練，加上政治、法律的規範、束縛，在學校競爭，進入職場更是，生存競爭，讓腦朝向「非自然」的「反射制約」的「成長模組」發展。

所以我們學會包裝，暗示，說謊，耍心機，會算計，搞權謀，表面上說一套，背地裡又是另外一套，笑裡藏刀，暗箭傷人，爾虞我詐、陽奉陰違……

人類失去了純真，這個世界就開始變壞。

自閉症的孩子剛好避過這些，保留未受世俗、傳統、環境薰染的樣貌。喬治·歐威爾這樣說達利：「達利身上毫無疑問兼具兩種特質，一是畫圖的天分，二是惡劣透頂的名利心。」柏毅具有畫圖的天分，卻恰好完全不知名利為何物。

專注地畫，專注地笑，專注地把握每一個當下！

這世界上他最愛的東西就是冰淇淋，他唯一想用錢買的東西也只有冰淇淋，更有趣的是，他每一次只吃一球，巧克力、香草、蔓越莓都可以。一球五十，兩球九十，大多數人都會買兩球，但他還是堅持一球。他沒有錢的概念，更不用說心存「貪小便宜」、「划算」之類的算計了。

美好的東西他都可以用冰淇淋來形容，「冰淇淋般的夏日微風。」他說，彷如詩人，但事實真相應該是他真的從夏天的微風中聞到冰淇淋的氣味。

在法國市政廳展畫的時候，其中一天法國大使來參觀，他非常肯定柏毅的畫。我聽到他們有如下的對話：

「你的畫讓我們看了很開心，明年再請你來巴黎好嗎？」大使問柏毅。

「不要。」柏毅說。

柏毅的回答讓我很尷尬，趕緊接著問為什麼不要，我想他一定有他的理由。

「我現在就在巴黎啊，沒有明年！」他說。

明年再來好嗎？不論出於禮貌或真心，我們一定會回答：「好啊，我很樂意」，這是社交上的自然反應（或說非自然反應？）。但柏毅不懂這些，他的思維是，我現在就在這裡，就在巴黎，為什麼你問我明年要不要來？這是什麼意思呢？

現在，此時此刻，當下，對柏毅來說，這是最重要的，而且是唯一，他不煩惱明天，沒有思考未來。

我們卻不是這樣，在台灣的時候想著去巴黎，真正站在巴黎，又想著台灣，永遠有尚待處理的事，有解決不了的問題。我們永遠在想等一下要做什麼，下一餐飯要去哪裡吃，明天會如何，永遠不能滿足，一直在計畫，於是念頭不斷，煩惱不滅，陷進欲望的流沙裡。

那天柏毅教會了我最重要的一課，活在當下，享受巴黎鐵塔的黃昏夕陽，我們現在就在巴黎，不是嗎？

我們要好好地過每一天，把握住每一個當下。

不過有時候他的純真教人哭笑不得，臉上三條線，烏鴉嘎嘎飛過。

那天我在家屬探望時間帶柏毅到加護病房看阿公。他看著病床上的阿公，開口就問：「阿公要上天堂了嗎？」

還好阿公還保有幽默感，他對柏毅說：「阿公會上天堂，但不是今天。」

沒想到柏毅窮追不捨，打破砂鍋問到底，他繼續問：「不是今天，是哪一天呢？」

不到三分鐘我們就被阿嬤趕出加護病房。

還有一段堪稱經典的故事，也發生在法國，我們被招待吃牛排，是一家很正式的餐廳，必須盛裝赴會，牛排吃了兩口後，侍者過來用英文問：「先生，牛排還合您的口味嗎？」結果柏毅很有禮貌地回答他：「我飛了十萬哩就為了吃這種爛東西？」（I flew ten thousand miles for this shit.）

我一聽，差點笑到把嘴巴裡的那一口水吐出來，但必須忍住，保持鎮定和優雅。

這段台詞是柏毅從《尖峰時刻》學來的，他超愛那部電影，和《獅子王》一樣，反反覆覆看了不下一百次，對白全部倒背如流。

重要的是，他回應得超級準確，那塊牛排又小又乾，我邊吃邊在心裡暗自抱怨，不敢實說，沒想到柏毅竟然如此高明地回話。

託柏毅的福，牛排館又送上一塊新的牛排。

回台灣後，柏毅因為《一閃一閃亮晶晶》而成名，在捷運上有人認出他，要找他簽名，但因為我們的行程總是非常緊湊，有時候無法一一簽完，難免讓有些人失望。

他紅了，大牌、驕傲起來了？當然不是，不懂「驕傲」的他，怎麼可能驕傲？他根本就不知道何謂驕傲。

二〇一二年，林書豪受邀至新莊小巨蛋，我當然帶著柏毅前去「朝聖」。大家一窩蜂地搶著和他握手，不過其實根本沒有人可以接近他。當林書豪要到後台時，柏毅碰巧要去洗手間，也許是機緣吧，兩人竟然面對面見到了。我遠遠地看著他們，卻看到柏毅彷彿見到老朋友一般，對林書豪說：「Hi, Jeremy.」林書豪反而摸不著頭腦，「Who’s that guy?」他大概覺得柏毅怎麼這麼酷。

大家在忙，柏毅一個人看鏡頭，留下「專注」的微笑！

其實對柏毅來說，林書豪就是一個一直以來他喜歡的朋友，他的純真和直接，讓他享受每一個當下。遇見老友，就跟他打招呼吧，這就是柏毅。

也許我們總是用自己心中的那把尺去衡量別人，我們所看見的、放大的別人的缺點，其實是我們自己的投射，是我們失去了純真。

當他們長大成年

我經常思索一個問題，究竟是自閉症的人辛苦，還是他們的家人？

那一天，我一直提心吊膽的事終於發生，柏毅不見了！

他去板橋台藝大上課，在等車回家時，陪他的伴讀臨時接到電話，稍稍移動了位置講話，柏毅一轉頭沒看到人，也不懂得問，不懂得找，或者留在原地等待，他的直覺雷達告訴他：走，自己走回家去。

他就開始走，從板橋走到華翠大橋，從艋舺大道走到中華路，從中華路走到仁愛路，最後走回家。從下午走到天黑，走了五個小時，二十多公里路。

我這一頭，一接到伴讀的電話，就立刻報警，親朋好友總動員，聽說廣播電台播出了這一則「明星第三代」的新聞。

那五個小時，對我來說就像五個世紀的煎熬，我禱告，禱告，再禱告，只祈求柏毅平安。

當他走到店裡，出現在我面前那一刻，我忍了五個小時的淚如暴雨狂洩。

我問他怎麼認得路？

「上帝帶我回家。」他說。

那天半夜，我甚至接到恐嚇電話，說你的兒子在我手上，拿贖金來。

我怎麼能夠不保護柏毅呢？

會有一天，我再也不能保護他，在這一天來臨之前，我必須盡可能訓練他獨立的能力，為他找到可信任也愛他的「保母」，但不會讓他孤獨一個人走下去。

沒有人可以替代母親，但母親終究不是神。

我必須趁著還有力氣，還走得動的時候，多帶他到處去玩，去看，去嘗試，我喜歡看他開心的樣子，笑的樣子，為換取那樣純潔無邪的笑容，我願意付出一切所有。我是單純的媽媽，當每一個人都反對，說這樣不行那樣不對時，我還是傻傻地做，傻傻地往前走，我相信單純的力量，會獲得神的眷顧。

但我不知道柏毅還能畫幾年，不知道明年他還是不是有名，有沒有人邀他展畫；我只知道，不管他會不會畫，是不是藝術家，有沒有人欣賞他的畫，我永遠是他的母親，對他的愛是無條件的。

全世界都一樣，自閉症的家人，都有山高海深的苦，盼望不到天明的辛酸，但我們仍然各自努力。當我們絕望，說要放棄的時候，其實是在求救，尋找支撐下去的力量。

這幅畫叫作〈媽，等我〉，柏毅筆下的母親，是孩子們永遠的指引。

《Far from the tree》一書中提到一個故事，一個母親為了訓練自閉症兒子，她日復一日，把自己修練成為大學生、研究生都必須來跟她學習的專家。當她把兒子訓練到終於能夠上學，交給學校後，便倒下了，檢查之下，發現癌細胞已經擴散全身。她在病床上接受作者採訪。

美國有一個統計，兒童非自然死亡案件中，有一半是父母所為，這一半中很多很多有自閉症。

真相很殘酷，但不能不面對。

很多電影或電視劇裡都喜歡穿插一個自閉症角色，但這似乎不能增加社會大眾對自閉症的了解，最負面的狀況是帶動「正常人」去模仿自閉症，引起滿場大樂。

自閉紀錄片更逼近真實。

林正盛導演的紀錄片《一閃一閃亮晶晶》，記錄柏毅在內，四個有繪畫天賦的自閉症孩子和他們的家庭。一年多的拍攝，長時間的接觸，林正盛導演丟出一個另類思考：

「這些特別的孩子和大多數號稱正常人所

規範建構的這個世界，存在著怎樣的關係呢？難道只因為他們是那麼的不同，那麼的異於我們為數眾多的正常人，因而我們就以習以為常的行為模式、社會生活方式去要求他們，說是『為他們好』的教導他們，要他們融入我們正常人建構規範起來的生活方式。」

「然而，是否可能一不小心就同時導正了他們與生特有的言語、行為、思考、感情表達方式，導正掉了屬於他們跟這個世界特有的互動方式，最終導正掉的是他們對自己生命存在的價值……無法以他們與生俱來特有的生命狀態，去煥發出他們的生命光彩。」

林導演看到的比較是高功能自閉症。

沈可尚導演《遙遠星球的孩子》深入自閉症患者內心孤獨的世界，讓觀眾正視自閉症患者難以和外界溝通，經常被誤解的問題。獲得二〇一三台北電影節百萬首獎的《築巢人》則延續自閉症議題，把鏡頭轉向照顧者——自閉症者的父親。它呈現自閉症患者的黑暗面，片中三十歲的陳立夫，他有蒐物癖，收集各種廢紙、磚瓦和蜂巢，他沉浸在自己的世界，自言自語，憤怒時會拍桌子，對父親爆粗口，甚至暴力相向。六十歲的父親陳鴻棟，一開始他決定以「家庭的溫暖」盡父親的責任，但經常力不從心，心力交瘁，「我終究不是有那種偉大性格的人」，「我們終究是一般人」，「我可不可以放棄」，這些都是他面對鏡頭說的話。

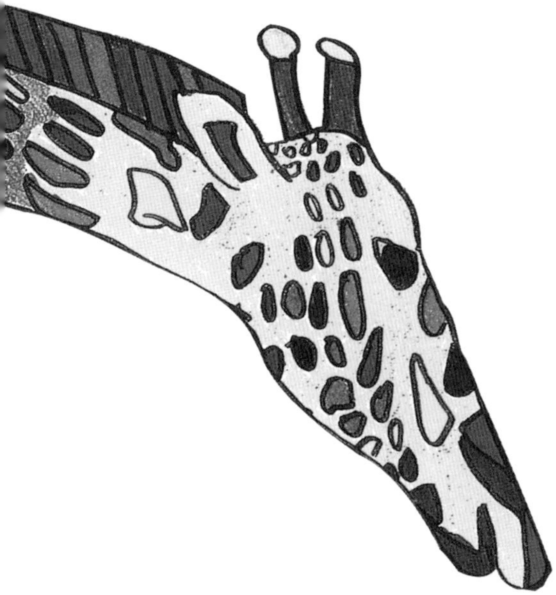

沈可尚導演在接受採訪時表示，他因此沒有辦法在片尾配上溫馨的音樂，給一個感人的結局。

我想，每一天我們都要面對新的挑戰，每一天我們都在戰鬥。

我們需要更多的同理心，更多的理解，以及更多的資源，一條讓自閉症的孩子在長大後，可以繼續走下去的路。

希望每一天，我與所有自閉症者的父母，我們都要微笑著醒來。

永遠的約定

柏毅出生在夏天，他的第二十五個生日即將來臨，生日來臨前的這個春天，充滿活力的生機，充滿祝福的力量，這一個春天，對我來說是無可取代的春天。

二〇一四年四月，我帶著柏毅到紐約去參加一個意義非凡的展覽。那是佩斯大學（Pace University）和Strokes of Genius組織所舉辦的「培養自閉症藝術家天賦」（Training the Talent of Artists with Autism）公益畫展，他們邀請了天寶・葛蘭汀等來自各地的五名藝術家，一起為自閉症孩子募款。

柏毅代表台灣，我們從台灣飛到洛杉磯，與哥哥柏雄會合，再一起前往展場。能夠與天寶再見面，我們都十分興奮。

十多年前，是天寶提醒我，不要看孩子缺少什麼，而要去發掘孩子身上的「天賦」。時光悠悠而過，一晃眼柏毅已經長大，而我也從那個「搶走他畫筆」的媽媽，變成了陪著他到處參加畫展的媽媽。

我們將柏毅最新的畫冊送給天寶，天寶高興極了。她告訴我，柏毅除了身形

左：與天寶的母親合影。右：柏毅臨時上台，卻不慌不忙，介紹自己和他的畫，讓台下的我深受感動。

變大，其他一點都沒變，一樣如同當年，眼神明亮、笑容燦爛。

趁著這次見面，我邀請天寶二〇一六年來台灣參加「自閉症關懷日」的活動，期盼她能藉著自身的成長經驗，引領更多人發現自閉兒與眾不同的天賦。我將明星咖啡廳的鳳梨酥當作伴手禮，親手交到天寶手中。天寶也答應我，只要身體狀況許可，兩年後她一定來台灣一趟，看看這個柏毅筆下繽紛絢麗的國度。

我告訴天寶，如果她真的來到台灣，我一定會帶她到明星咖啡廳坐坐，品嘗最新鮮的鳳梨酥，並請她喝一杯傳承超過一甲子時光的咖啡。

看著六十六歲的天寶與二十五歲的柏毅，一起為了自閉症孩子付出心力，心中的感觸之深，實在不是筆墨足以形容。柏毅何其幸運，能與至今已經是大師級的天寶一起奉獻心力。我何其幸運，當時能遇見天寶，讓身陷焦慮和迷惘的我，重新獲得勇氣。

在展場中，我看見了天寶的母親遠遠地陪著她，看著她。天寶在媽媽的支持下，早已突破自閉症的禁錮，如今已成為一個知名的教授，然而她卻依然陪伴在她身邊。

是什麼樣的力量，支撐一個八十七歲的老媽媽在近七十年的時光中不離不棄，奮力支持著自己的小孩？

我想我知道答案。

Schimmel Lobby

Artists:

Trent Altman
Madison Maureen Cahill
Delwin Cheah
Temple Grandin
Amanda LaMunyon
Leland Lee
Jonathan Lerman
Grant Manier
Erik Warren
Richard Wawro
Donna Williams
Stephen Wiltshire
Ping Lian Yeak
Gideon Pianko
Sander Haft
Anthony Barber
Michael Rubin
Jeff Epes
Nils Johnson
Kevin Del Rosario

VIP AUCTION EVENT

Schimmel Lobby
6:00 -7:00pm

Extraordinary Artworks!

Temple Grandin
Amanda LaMunyon
Grant Manier
Trent Altman
Leland Lee

5:30 P.M. **Exhibition Open to VIP Guests**

6:00 - 7:00 P.M. **VIP Reception and Live Auction**

Artist Presentations:

Grant Manier (Texas) *Love Birds*
Leland Lee (Taiwan) *Any Time*
Trent Altman (Kentucky) *Sunset Beach*
Amanda LaMunyon (Oklahoma) *Alaskan Northern Lights*
Temple Grandin (Colorado) *Australian Double Deck Loading Ramp*

7:10 P.M. **Exhibition Open to All Ticket Holders**

Schimmel Center For The Arts

7:30 P.M. Conference Presentation

Stuart Flaum - Vice President of Strokes of Genius, Inc
Stephen J. Friedman - President of Pace University
Dr. Mary Riggs Cohen - Director of OASIS Program

Training The Talent of Individuals With Autism
Dr. Rosa C. Martinez - President of Strokes of Genius, Inc.
A presentation on autism, savantism and art ability.

Keynote Speaker
Dr. Temple Grandin - Professor of Animal Sciences
Colorado State University

Dr. Grandin will share insights into the challenges faced by learners with autism. The focus is on Training the Talent, building upon strengths and developing employment opportunities with an art focus.

Questions & Answers

9:20 P.M. Event Program Concludes

Art Exhibition &
Temple Grandin Book Signing
Schimmel Lobby
9:25 P.M.-10:00 P.M.

April is Autism Awareness Month - Focus on Abilities!

Artwork by individuals with autism will be on display in the Schimmel Lobby from April 14-19th. (Mon-Fri 12pm-4pm; Sat 10am-2pm)

Strokes of Genius, Inc is a 501(c)3 that empowers individuals with autism and provides art studio experiences and workshops to "Train The Talent℠"

The OASIS program at Pace University provides a comprehensive college support program for students with autism, Asperger Syndrome, learning differences and related challenges.

遠渡重洋的邀請卡上，註明著柏毅代表台灣參展。

淚光矇矓之中，我彷彿可以預見未來的柏毅，也許比現在更成熟一點，但依然帶著純真的目光和自信的微笑，從遠方朝著我走來。

親愛的柏毅，這是媽媽跟你的約定，我想我會陪著你，就像天寶的媽媽一樣，也許我的腳步會越來越慢，但一步一腳印，陪你去每一個你想去的地方。

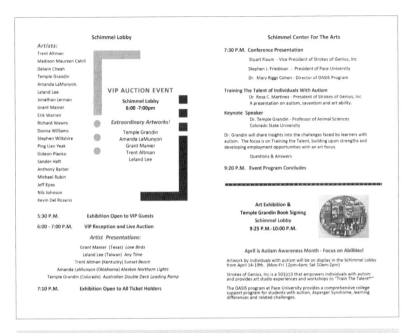

每一年的五月二十九日

二〇一三年五月二十九日，柏毅的第二十四個生日。

我帶著柏毅回到台灣定居那年，他十七歲，從這一年開始，每一年的這一天，在明星咖啡廳的三樓辦 pizza 宴，已經成為他生日的固定儀式，像過境候鳥每年造訪同一棵樹，像一棵大樹每一年在同樣的季節開花。我的心中充滿感恩，自閉症孩子平均只能活到十五到十七歲，而柏毅又度過了一年。

他會在月曆上標註每一個有特別意義的日子，母親節、父親節、聖誕節、萬聖節、感恩節，以及除夕、過年，和他的生日。

上午十一點，柏毅已經戴上耳機，微笑地迎接賓客。這一天，柏毅一定要邀請很多很多朋友，大家一起來做 pizza。

但他最近幾年必須戴上耳機。在家裡、在明星、在街上、在飛機上，柏毅大多時候要戴上耳機，篩掉某些雜音。那些游離在空氣分子間，我們不以為意、聽而不聞的細微聲響，對他過於敏銳的聽覺神經來說卻是痛苦的折磨。

對柏毅來說，每一年的五月二十九日，都是重要的一天。

把我們放到一個密閉空間，不間斷地播放高分貝的聲音，我這樣理解柏毅身處的那個「魔音穿腦」的世界。

但今天邀請名單排在第一名的阿公阿嬤不會出席了。這個早上家裡一陣兵荒馬亂，阿公一大早就因為血糖太低送急診。「不要管我，妳去幫柏毅過生日。」被抬進救護車時他還拉著我的手交代，虛弱但堅定。

我於是被劈成兩半。一個我和柏毅站在會場一起招呼客人，他能喊出每一個人的名字，和他們擁抱；另一個我為躺在加護病房裡的父親心急如焚。

十二點，我接到阿嬤電話，告訴我阿公病情已經穩定下來了，教我放心，人不必到醫院，好好地為柏毅過生日。

每一個客人都是柏毅邀請的，紀寶如姐姐、雪兒姐、潘秀霞牧師、高淑芬醫生、郭博州老師、吉他老師傑瑞、好朋友許佑誠、史茵茵、Sue Babcock……還有特別從台南趕來，和他同年紀的一群朋友Annie、Richard、Pearl、偉庭、Jack、Ariel、May、Van、Ching Heng、Albee。

對柏毅來說這是一年當中最重要的一天，一個月前他就開始擬名單，把想邀請的人的名字按照在他心目中的順位寫在一張大大的圖畫紙上，阿公阿嬤永遠排在第一個。然後我和他一起打電話，對方如果說有事不能來，柏毅就會哼哼兩三聲，氣呼呼地把名字畫掉。

我要考試。我今天要開會。我和女朋友分手了，心情低落沒有力氣出門。有些理由他永遠不能理解。

有一年的生日前幾天，我們才從歐洲回到台灣，我累到只想躺平，沒有力氣為他籌畫 pizza 宴，但生日當天還是陸陸續續有朋友打電話來祝福生日快樂。我猜想柏毅以為一切一如以往，大家都會到明星做披薩，時間一到卻等無人，只見阿嬷端出了一個小小的生日蛋糕以示應付。「大家都到哪裡去了？」、「大家都到哪裡去了？」他一直問，非常焦慮，瀕臨發飆，顯然很不滿意他的生日就這樣被搓湯圓搓掉。怎麼辦？我萬不得已只好打電話約幾個朋友，他們很夠意思，臨時請個假就飛奔過來了。

總而言之，你就是不能告訴他，我五月二十九日很忙，我們就提早過生日，或者換一個方式過，一定要在那一天，一定要大家一起做披薩。

生日宴很歡樂，很溫暖，祝福的卡片一張張送到柏毅手裡；每一個人都下場擀 pizza 皮，鋪上喜歡的餡料，在盤底簽下名字，再送到廚房烤，烤出一片片獨一無二的、屬於自己的披薩。

柏毅也是一個獨一無二的孩子，我遠遠看著他，平靜而專注，眼前彷彿只有手中那張 pizza 麵皮，用擀麵棍把麵皮擀得又圓又薄，像在作畫，我想像他當下的世界，如同一尾魚悠游於大海。

然後重頭戲來了，大家一起唱生日快樂歌，等著壽星切蛋糕。切蛋糕之前，牧師先帶領大家禱告。我十指交握，低頭感謝上帝又讓柏毅過了一個快樂生日；感謝祂看顧加護病房的父親。感謝祂陪伴我，做我行走的杖，當我跨不出去，當我失去力氣，祂背負起我帶領我走到今天。

二十四年了。二十四歲的男孩，應該是獨立的大人了。柏毅的哥哥柏雄二十四歲時已經開車帶著我和弟弟在法國南部旅行。柏毅不一樣，在繪畫上，他是個奇蹟，但繪畫以外的一切，他必須不斷學習，別人學習一天一個月，他要學習一年兩年三年，永遠不能停止，像打點滴一樣緩慢地，一小滴一小滴地學習，一公分一公分地推進。

我相信他還有太多尚未開發的潛力，每一個人也都有那樣的潛力，但是獨立

ANY TIME
ASTORIA
THINK YOU
Leland Lee

生存，跳進這個不停換裝的世界，周旋於複雜人際，適應大風吹來吹去的遊戲規則，對他來說，那是一個不可及的夢。

我曾經作過一個夢，夢中柏毅回到小時候，咿咿呀呀走向我，我驚嚇哭喊，猛然驚醒。黑暗中看見睡在另一頭的他，大大的一隻，均勻的呼吸聲，我深深地吐了一口氣，還好那只是夢，他已經長大了，不必再重頭來過。

我知道自閉症孩子在每個年齡層都有瓶頸，我只有禱告上帝，每天賜給我智慧和勇氣，去面對每一天的困境。

那一條走過的路我實在沒有勇氣回頭看，也不敢想像未來，只想把握每一天，每一個當下。

二〇一三年，柏毅獲選中華民國第五十一屆十大傑出青年，德國智能障礙醫療機構也來信致賀，他們並邀請柏毅為二〇一四年德國花卉博覽會執筆主視覺。我知道就某方面來說，上帝讓柏毅無法與外界正常溝通，但祂卻在同時賦予柏毅一顆無比純真的心以及一枝得天獨厚的畫筆。他透過他的作品說話，他的畫，並讓世界上更多人認識台灣這塊土地，以及深耕在這塊土地的熱情與活力。

我知道，我會繼續陪著他，陪他畫下他的每一個當下、每一個感觸，陪他走過未來的每一個日子，直到我沒有明天。

LeLand Lee

LOVE is LIFE

李柏毅

國家圖書館出版品預行編目資料

愛在當下／李柏毅＆簡靜惠著.
-- 初版. -- 臺北市：平安, 2014[民103].6
面；公分.--（平安叢書；第447種)(親愛關係；10)
ISBN 978-957-803-910-0（平裝）

1. 自閉症 2. 親職教育 3. 通俗作品

415.988　　103009183

平安叢書第447種
親愛關係 10
愛在當下
作　　者—李柏毅＆簡靜惠
發 行 人—平雲
出版發行—平安文化有限公司
台北市敦化北路120巷50號
電話◎02-27168888
郵撥帳號◎18420815號
皇冠出版社（香港）有限公司
香港上環文咸東街50號寶恒商業中心
23樓2301-3室
電話◎2529-1778　傳真◎2527-0904
總 編 輯—許婷婷
美術設計—程郁婷
著作完成日期—2014年1月
初版一刷日期—2014年6月
初版二刷日期—2020年8月
法律顧問—王惠光律師

讀者服務傳真專線◎02-27150507
電腦編號◎525010
ISBN◎978-957-803-910-0
Printed in Taiwan
本書定價◎新台幣350元／港幣117元